The Career Manifesto

别让无效努力毁了你：职场快速进阶

【美】迈克·斯泰布　著
史东辉　译

WUHAN UNIVERSITY PRESS
武汉大学出版社

图书在版编目（CIP）数据

别让无效努力毁了你：职场快速进阶 / (美) 迈克 · 斯泰布著；史东辉译. — 武汉：武汉大学出版社，2019.3

ISBN 978-7-307-20374-7

Ⅰ. 别… Ⅱ. ①迈… ②史… Ⅲ. 成功心理—通俗读物 Ⅳ. B848.4-49

中国版本图书馆CIP数据核字(2018)第164444号

This edition published by arrangement with TarcherPerigee, an imprint of Penguin Publishing Group, a division of Penguin Random House LLC.

Simplified Chinese rights arranged through Bardon-Chinese Media Agency(Beijing Office).

本书原名为The Career Manifesto, 作者Mike Steib, 中文简体版由博达版权代理公司授权武汉大学出版社出版。

责任编辑：黄朝昉　许　婷　　责任校对：王婷芳　　版式设计：苗　薇

出版发行：武汉大学出版社（430072 武昌 珞珈山）

（电子邮件：cbs22@whu.edu.cn　　网址：www.wdp.com.cn）

印刷：三河市京兰印刷有限公司

开本：880×1230　1/32　　印张：7　　字数：130 千字

版次：2019 年 3 月第 1 版　　2019 年 3 月第 1 次印刷

ISBN 978-7-307-20374-7　　定价：39.80 元

目录

引言

不满足是进步的先决条件。

——托马斯·爱迪生

我觉得我认识你。

你有天赋，有雄心，为了成功，愿意奋斗。你正处于事业的发展阶段，迫不及待地想要突破。你志在必得，却不会用金钱和头衔衡量成功。你相信生命不止这些，还有做到极致的使命，以及通过自己的事业、家庭、社区来影响他人。

你也很脆弱，努力工作，事业却没有想的那样有所进步。晋升太慢，环顾四周，总有些人不如你却比你升得快。有时，听到或看到别人成功，总让你心生嫉妒，怀疑自己的人生轨迹。除了早期事业的成功，你常常质疑自己是否选对了工作、老板甚至职业。

总有一些不如你努力，或者不像你那样为成功而付出的人，阻碍了你的事业。你花费许多时间参加无聊至极的会议，清理影响你工作的垃圾邮件，倍感压力，疲惫不已。你想要按时吃饭，好好运动，可是繁忙的工作似乎耗尽了你的时间和精力。

我觉得我认识你，是因为，不久之前，我和你一样。

而现在，我是一个幸福的丈夫、父亲、上市科技传媒公司的CEO、福布斯500强企业的董事、知名非营利组织的主席、周末运动员，曾经还是电影演员、拥有专利的发明家、偶尔也是励志演讲家、诸多火暴电视节目的嘉宾、国家主要刊物里的专家，以及本书中即将看到的“作家”。最重要的是，我积极地履行自己梦想的事业计划，用自己的价值观影响他人。我觉得自己与世人相连，充满活力，觉得目标推动着我生活的方方面面。许多个日子，我清晨精力充沛地醒来，晚上踏实满足地睡去。这都归功于我数年的深刻反省，不断地自我重塑，惨痛的经验教训，糟糕可怕的错误，令人惊叹的好运，还有，无以言表，一再给我机会的老板、导师、同事给予的体贴耐心。

之所以写这本书，是希望能让你少走弯路，更快地找到梦想，实现梦想。我经历过你此时的处境，也几近成功，这一路走来，我一直在记录，记录每一次碰壁，记录从中得到的教训。因为这些挫折，我读了近百本书，内容涉及方方面面：领导力、管理、效率、心理学、销售、市场营销、战略、运营、金融、健康，等等。身为经理，我见过形形色色的人，培训过他们，也从他们身上学到了很多。我常常反思，工作教会了我什么，然后和团队成员分享，让他们吸取我的经验教训。几年前，我跟我的团队分享了一本有关职业的手册，指导他们如何实现自己的职业规划，反响热烈，最终的分享下载量逾万次。这本手册后来形成了这本书《别让无效努力毁了你：职场快速进阶》，几年后，我依然收到各地读者的来信，硅谷、里约，乃至新德里，跟我分享我的书如何改变了他们的事业和生活。

《别让无效努力毁了你：职场快速进阶》写的不是我，而是世上最重要也最有趣的话题：你。你想过怎样的生活？如何过上这种生活？每一章，都会讲述改变你的事业生活规划，从决定自己的职业，到如何有效利用每分每秒实现效果最大化。书中提出的事业五大支柱：目标、计划、效率、社交、参与，将帮助你重设目标，提升效率，清除成功路上的障碍。你会获得可行的建议，帮你获得实现伟大理想所需的经验技能；与他人共事时，你效率会更高；你不会再感到疲惫不已，而是深知自己走在正途，一天也没有浪费，每天元气满满地醒来，满怀感激地入睡；你会明白，你不只是改变了自己的生活，更对身边的世界、身边的人产生了正面影响。

阅读此书，你读到的绝不是一本肤浅的职业蓝图，而是接受行动的号召，一份职业的宣言，一张行之有效的蓝图，让你成为想成为的人，过上想过的生活。你，要加入吗？

很好。开始吧！

第一篇

目标：你用生命做什么

要拥有非凡的生活和事业，第一步就是要找到自己为什么想拥有这些。想要生活得有意义，你要了解自己愿意付诸行动的动力是什么。你对世界的影响，让你快乐的事物，想让后人以何种方式记住你，这些都可以铺就你选择的道路，影响你做出的决定。在本篇中，我们要树立目标——每天叫醒你的是什么？让你坚定不移地追求事业和生活的动力又是什么？

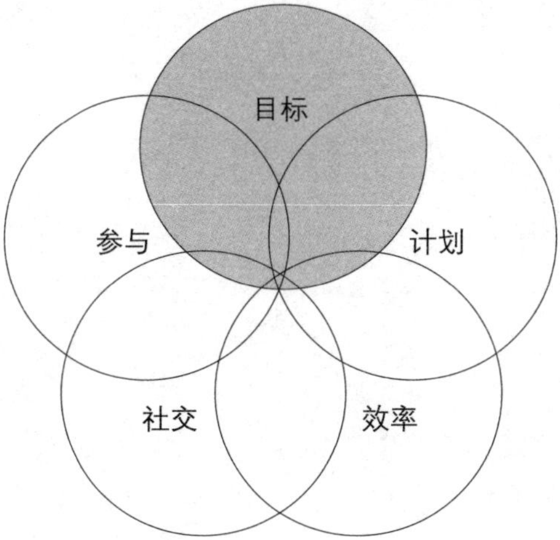

第一章

——→ 困难之事

如果你一直都做同样的事情，就只能得到同样的结果。

——安东尼·罗宾斯（Tony Robbins）

对于那些与你一样拥有某些特长的人而言，的确存在一条光明的成功之路：努力学习，取得好成绩，考上大学，顺利毕业，在一家体面的公司上班，按时完成工作，每隔几年为了晋升挤破头。你渴望冠冕堂皇的头衔，希望他人认可，不敢失败。虽然这条路让你筋疲力尽，你却很少反抗。毫无疑问，你会慢慢地爬到梯子的中央，一个专属于你不上不下的位置，拥有一些小奖励和威望。这条路非常舒适，很多人都错以为这就是成功。

还有另外一条路：这条路上，你的职业决策不再一成不变，你拒绝简单容易的工作，接受更新更难的挑战。在这条路上，你只选择有重要意义的，而不是看起来体面的工作。你逼迫自己跳出个人舒适区，跳进真正考验你能力的处境中。在痛苦中，你知道了自己的弱点，不断失败，开始成长，因为每天的自我挑战，都让你更了解自己。

所谓机遇，就是此刻你所做的事情，更像第一条路，几乎人人都在做这些事。可我觉得，你不满足于此。你没有买所谓《七步走向并坐稳中层》之类的书，而是选择了这本书，因为内心深处，你觉得自己有能力做一些与众不同的事，只是不确定做什么，怎么做。

你是对的，你的确可以有所成就。

我知道有些人选择了第一条路，过上了稳定满意的生活。但在我的职业生涯中，我也有幸认识了一些人，取得了只有选择第二条路才能得到的成功。他们是各领域的领军人物，涵盖商业、政坛、艺术、健身、军事领域、乃至社区活动。这些人中，极少数是你没见过的天才，大多数是普通人。少数人毕业于一流的常青藤大学，大多数人来自普通院校。在职业生涯初期，他们都表现出色，但你无法从人群中认出他们，说："这位将会成为世上最重要的一位领导者""这位是知名导演"，或者"这位将改善成千上万的贫苦家庭"，因为我们无法从长相或者简历上看出他们拥有什么特殊之处。他们对自己的生活抱有梦想，愿意为实现梦想而把自己逼上"绝路"，他们，选择了第二条路。

这一章，我们要认真思考一下到底什么才是真正重要的；而读完整本书，就能制定战术策略来得到这些东西。本书的基本原则就是：你绝对有能力实现自己的雄心壮志。观察了许许多多成功的历程，我可以告诉你：你可以做到，这是毫无疑问的。问题是你能否坚定地走第二条路，做困难的事。

我们很小就知道，工作中有很多困难的事情，比如长时间工作，留意细节，截止日期，长期压力。或许这些年，你一直都在经历这些事，所以对你来说并非难事，而是常事。事实上，如果你选择了第二条路，这些都不是你将遇到的真正的难事。

难事 1：自我坦白

为给他人留下印象，我们耗费精力，甚至都开始相信自己的说辞。我们精挑细选周末的照片，让脸书（Facebook）、Instragram、快拍（Snapchat）这些社交网站上的人相信我们的生活幸福美满。我们想尽办法把自己的工作说得很重要，甚至都忘了这些工作其实并不重要。有人问我们："你最大的缺点是什么？"我们多会面无表情地回答："有时我会太在意，我太爱我的工作了。"

我们欺骗自己，不愿寻根究底，不愿质疑自己的信念。我们把目标和不再追求的梦想区分开来，说服自己：总有一天，比如赚够了钱，或者孩子长大后，我们会去追寻梦想。

只有真正认识自我，接受所有的现实——不管好坏，才会真正改变。只有这样做，才能开始改变自己的旅程。这本书要让你思考自己的价值、目标、自我认知、所作所为，让你彻底摧毁自己，然后重生。你会诚实地重新评估自己的生活和价值，然后翻天覆地，最后拥有自己想要的生活。你会发现，大脑结构上的弱点削弱了你的自律，然后你会慢慢适应大脑重新开启你无限的能力。随后，你开始学会如何跟经理交流，每周获得建设性的意见反馈，开启突破个人职业发展的大门。你也会成为世上真正的成功者，不断学习、改变、重塑形象。但你首先要愿意坦白关于自己的最残酷的事实。

难事 2：独立思考

这听起来很容易，妈妈经常像煞有介事地问："如果朋友从桥上跳了下去，你也会吗？"[1] 我们的职业生涯通常随大流，做同龄人所做的工作，取得他们所谓的成功。所有人都考 MBA 了，我是不是也应该去读……同事升主管了，我要怎样也能得到提拔呢？……这周的策略会议没有什么实际意义，可如果不去，我又怕错过重要事宜……啊！是行业会议！还是去吧！

然而，看看那些取得非凡成就的人，他们从不盲从他人。这本书敦促你规划自己的生活，然后脚踏实地按计划执行。想要与众不同的生活，就要做一些他人无法理解的抉择。本书会阐述种种原因，你为何会选择出力不讨好的工作，选择看似无名无利的工作，等等。参加

---

[1] 全面披露，我做过一次。坏主意，稍后详说。

的会议，参与的项目，阅读的图书文章，使用电邮的方式，主持会议的模式，你的一切在他人眼里都如此不同。很好，美国海军海豹突击队盛传这样一句话："适应你的不适应"，因为不适应正是非凡生活的常态，而幸运的是，不适应和兴奋、成功、满足是如影随形的。

难事3：改变习性

简单来说，个人发展有两种模式：学习新技能和改变行为习惯。多数人，会专注于前者，提升专业技能，比如熟练应用Excel，看懂资产负债表，学习外语。然而，他们不愿改变自己的行为，并视之为本性难移。他们告诉自己性格是有局限性的，比如："我生性内向，自然没什么人脉""我这个人不拘小节，不斤斤计较，所以这些错误不怪我""我性情暴躁，如果伤到了别人，随他去吧"。

我认识一个经理，话不多，很聪明也很勤奋，智商很高，情商却比较低。他无法带动自己的团队，让同事拥护他。他不愿接受别人的意见反馈，总是说："我不是空喊口号的领导者，我是务实派。"就像在说自己的身高一样，不容置疑。因为自己的核心才能，他获得了成功的事业，他觉得无须改变，或者说他不愿意做出令自己不舒服的改变。毕竟，他正处于事业的平稳期。

我还认识一个经理，和前一个年龄相仿，也很内向。不同的是，他不停地努力改进自己与他人的关系。几乎每一周，他都邀请团队成员或客户小饮一杯，然后强迫自己放下架势，以个人名义赴约，对他而言，这些并不舒服。他会在日历上标记你的生日，然后会打电话给你说生日快乐，当然刚开始他也会觉得尴尬。尽管他生性希望所有人都喜欢他，无须赞赏就能自发地做好工作，但他总是告诉自己用心感激他们的作为，感谢他们的付出。如今，他已是首席高管，深受大家的喜爱和尊敬。

这本书就是希望你改变自己的思维定式，改变行为习惯，取得更大的成功。书中列举了许多方法，让你质疑自己的信念和价值观，改进自己学习的方式，改善与他人相处的模式，得到自己不断进步所需的反馈。这本书会让你改变自己的基本的行为习惯，虽然过程有点吓人。这本书就是一个剧本，告诉你如何更健康，更有活力，更快乐，更满足。这本书，与习得新技能无关，而是教你如何真正改变自己的习性，变成更好的自己。

难事 4：养成新习惯

我们一生所做的事情中，40% 左右都是我们根深蒂固的习惯使然。改变这些习惯，需要非常专注且坚定地付出努力。熬夜看剧，早晨关掉闹钟接着打个盹儿，不锻炼不运动，这些是习惯。整天消磨时间查看收件箱，不情愿地出席各种要召开的会议，这些是习惯。而同样地，早晨五点起床，表达感激之情，锻炼身体，设定目标，完成每天最重要的任务，吃一顿健康的早餐，在办公室提高效率，完成比同事一天工作量还要多的工作，这些也是习惯。

这本书就是要列出一些方法，养成能让你成功的习惯。养成这些习惯需要极强的意志力和耐心，而一旦养成了，这些习惯就会伴你长久。这些习惯，是你实现自己人生目标的根本。

难事 5：行动起来

我喜欢约工作、家庭等方面需要建议的朋友见面。去年，以前的两个同事，山姆，乔伊[1]，碰巧在同一周给我发邮件，问我能否跟他们聊聊关于新生意的想法。几天后，我见了山姆，他跟我分享了自己的想法，以及他对市场的分析，问我怎么看。我觉得很不错，对他接

---

[1] 文中提及的同事都确有其人，为保护隐私，使用化名。

下来要做的事情，给出了建议，并做了他第一个顾客。几个礼拜之后，他依然在考虑市场份额，冥思苦想如何采用不同的策略赢得顾客，征求同事和哈佛商学院同学的意见。两个月过去了，他忙于工作，依然想着这件事，也怀疑“市场机遇是否够大，能否迈出更大的一步”。如今山姆依然在以前的公司上班，没有什么新的生意，更没有什么刺激的新生活。推迟梦想，会发生什么？这个梦想会静静地夭折在演示的 PPT 里。

收到山姆来信一个月左右，我见了乔伊。她是我之前公司的一个助理，也想开拓一个新生意，是针对孩子的纯果汁。我鼓励她大胆尝试，说可以把她引荐给能给她帮上忙的人。“啊，”她说，“我已经找到了一些零售商，我一家店一家店地去问，得到了他们的承诺，这样就能推出产品。这很容易，但是结果证明，卖果汁并非真正的机遇……”她接着跟我聊了一些制作纯果汁所需要的步骤，为何没有厂家愿意生产，她又是如何花六个月的时间让自己的果汁得以生产的。我做好准备，等着聆听又一个失去激情的创业家讲述自己半年下来是如何失去信心，准备放弃之类的话。恰恰相反，她跟我说：“所以我请零售商给我介绍一些果汁生产商，知道他们都遇到过类似的问题。我问他们是否有兴趣跟另一个能解决这个问题的人合作。我签署了几个意向书，同意帮他们制作果汁，并到银行，用意向书拿到了贷款。再多签两个意向书，我就可以买加工果汁需要的机器了。”乔伊灵光一现，找人入伙，不断尝试。不到一年的时间，她就成功变身，拥有了价值百万美元的果汁杀菌机。

山姆和乔伊的差距在于，山姆想改变，却从未付诸行动；而乔伊不仅付诸行动，还坚持不懈，遇到障碍时不断调整适应，继续前行。哪一种人能获得人生的成功？

我们都想象过，五年十年后，自己身在何方。

我们都偷偷幻想，去做一些未曾做过的事：玩玩乐器，投身公益，重返校园，写本小说。

我们也在新年许下诺言，我们假装会有所为。某一天，未知不再不可知，我们不再劳累不已，不再为金钱犯愁，我们能有所改变，暗暗许下的目标都可以实现。

然而事实并非如此。

人们常常劝慰自己：某一天，我会尝试新挑战，承受新风险，追求新梦想。然而，那一天从未到来。这本书，带你书写不同的结局。

你的某一天，就是今天。今天，我们要迈出这些艰难的第一步，设立目标，确定实现目标所需的新行为习惯，然后即刻开始行动。我们要做最重要的事情：行动。

你值得，也有能力，去得到卓越的事业、有意义的人生、自我价值的实现、真正的幸福。

你需要做的，只是愿意去面对最艰难的事情。在阅读这本书之前，我希望你对自己说：“我想要非凡的人生。”

现在，跟着我说：“所以，再难的事我也会去做。”

再说一遍。

好了，开始吧。

第二章

→ 你的目标

人生最重要的两个日子是：呱呱坠地之日，懂得为何而活之日。

——无名氏

我们的出生，就像中了乐透一样，不仅仅是因为我们赢得了万亿分之一的生存机会，更因为我们生活的地方，是有史以来科技最发达的社会，人类平均寿命是150年前的2倍；我们生活的周围，是受到人类史上最好的教育的人。此刻的你，是无人能及、独一无二的恩赐。你打心眼儿里知道这一点，所有人都明白这一点，也感受到这种恩赐在内心深处燃烧。我们希望，活有所值。

正因如此，经销商每年斥资数千亿，只为让我们相信我们所追寻的意义可以买得到：买了专业运动员签约代言的品牌运动鞋，就可以像他们一样专业；买了混合动力车，就可以跻身世界上“有责任感”的精英之列；买了某种清洁产品、厕纸、面巾纸、药品，就能证明自己很爱家。

问题是，目标是买不到的，也无法轻易得到。让内心隐隐作痛的是，找不到生命的真正意义。一无所成时，就想忽视这种痛。所以我们翻看社交网络，在周末上网追剧，查看所有的推送通知，只为让思绪片刻安宁，不去想所谓真正的目标，至少可以获得一些快感。

心理学家称之为“操作性条件反射”。20世纪30年代，由伯尔赫斯·弗雷德里克·斯金纳提出这个理论。他在实验中，训练鸽子触碰按钮，每碰到一次，灯会亮起，鸽子就可以得到食物奖励。如此刺激，形成条件反射。

也有清醒的时候，看穿了幻想，知道自己可以做更多。有些人的所作所为，对我们产生了积极的影响，我们敬仰这些人：不辞辛劳为我们指明方向的高中老师，我们需要帮助时挺身而出的老板，为制定保障我们利益的法规坚持不懈的官员，为我们创造工作机遇的企业家，让我们觉得与众不同的艺术家，帮助我们更好地了解宇宙的物理学家，等等。我们看到过太多人，倾尽一生去教书，去建筑，去创造，去鼓舞他人，提醒着我们：有些人真的在影响着世界。

受到鼓舞，我们也去做一样的事情。哲学家约翰·杜威说："人性中最深切的冲动，就是想要成为重要人物。"我们想要宏大的事业，用充满挑战的目标和雄心勃勃的计划来实现，不靠点赞量、转发量衡量人生，而是靠我们创建的事物，靠自己的所作所为帮助或鼓舞的人衡量。

这一章将告诉你：为自己而活。

接下来，会有三个练习帮你确立指引生命的价值和目标，一个只有你能决定，也只有你能实现的目标。你的目标就是你自己下定决心让生命充满意义与快乐——没有人生导师或圣人能够给予指示。没有分数，没有奖品，没有人会告诉你是否走对了路。没有刺激，没有反射。只有你自己的满足感，奋斗后的愉悦感。

你得到的不比那只鸽子少。

练习 1：你的影响

你和我都想要有意义的人生，借助这本书，我们会一起找到答案。首先要做的第一件难事就是：

绝对如实地评估现在的自己影响力有多大，绘制出你的影响力导图。

影响力导图 1：现在

拿出一张白纸，在中间写下自己的名字。

从名字开始，画一个箭头，指向你生命中最重要的东西，比如家庭，在上面画一个框。从名字开始，再画一个箭头，写下你生命中的其他事物，比如工作，同样在上面画一个框。如此反复，画一个代表你生活的中心辐射图，直到囊括所有对你重要的事情。现在，在每个箭头下，简要记下你在这方面的影响力。或许你会在“家庭”下面写“我爱我的家，我是家里的支柱”，可能还有一个箭头指向“教堂”，你会写下：“每年都会花几个小时去教堂祈祷”。

现在，从每个方框开始画箭头，下面写上框内的事项在你的努力下，会对世界产生怎样的影响。比如，方框中写的工作“销售分析师”，就在箭头下面写：“为经理提供销售建议”，“销售分析师”再分出一个箭头指向“顾客”，箭头下写上“我的分析有助于销售提升，帮助顾客”。

现在再做一件事：向自己坦白真相。再过一遍图表，在所有你不相信或者觉得不准确的地方打个叉。如果你给经理的销售建议对顾客作用不大，那就划掉。如果每年对联合国儿童基金会所做贡献的影响不大，也划掉。

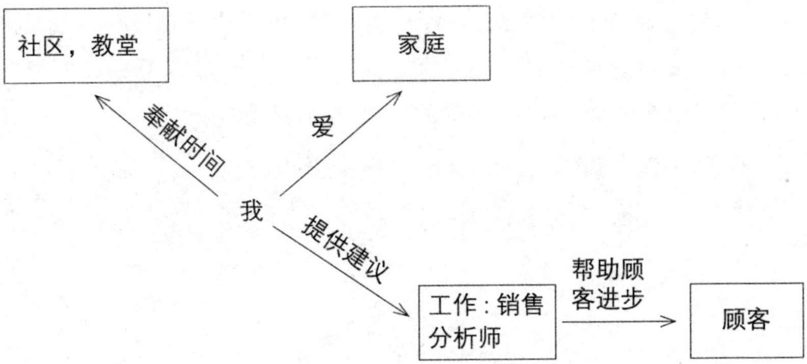

图 1-1

图 1–1 中就是你的生活。你发现了什么？当初，我画完自己的影响力导图，立马就发现一个令我沮丧的事实：我几乎没有什么影响力。再看看同龄人马克·扎克伯格的导图：“创建了社交网站脸书（Facebook）；用互联网把数百万的人联结在一起”。而我的很简单：“只有两个框，一个是经理，一个是微薄的慈善捐款”。你也会这样观察自己的影响力图。我们有许多事要做，这没什么。亨利·福特（Henry Ford）和我们一样年纪的时候，还在一家照明公司打工，他后来用了近 20 年才发明了 T 型车。而你刚刚做了第一件难事：向自己坦白。这就是进步！

影响力导图 2：　当前人生路上的成功

再做一遍刚才的练习，这次扩展预测一下在当前人生道路上，未来十年、二十年你可能取得的成就。用方框和箭头画出你的影响力。在写着“销售分析师”的那一框，现在可以写上“财务总监”，而你和教堂之间的箭头上可以写着“帮助教会社区里每个人都有东西吃，有地方住”。你也可以把“性感的红发男朋友”换成“亲爱的老公；三个可爱的孩子”。

接着，再画一个箭头，展示下方框中的事物对世界的影响，而这些事物，都是因为你的功劳。也许作为“财务总监”，你的影响就是“帮助公司继续发展壮大，为数千员工、数百万顾客服务”，等等。在这个练习中，不要隐瞒，要大胆狂野地推测你的成功。

如果继续当前的道路，你会有多少影响力？

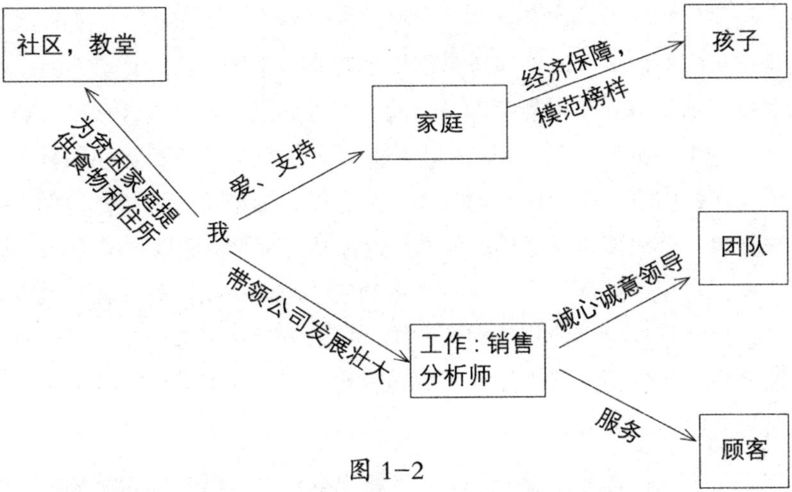

图 1-2

现在你看到的这个个人影响力导图，让你引以为傲。在这种情况下，只要你开始了自己的“职业宣言”，你就走上了正轨，很快你会把注意力转移到如何取得生活事业的成功上，确保自己能获得这些影响。

抑或，你会看着这张预测图，觉得自己就是一个 55 岁的失败者。不要难过，许多人，不，其实绝大多数人看到第二张图都会惊惶失色，想“我这半生都干了什么？”而许多真正伟大的事业都是从认识到这一点开始的。接下来，试下另一个角度。

影响力导图 3：另一条人生道路

现在，是时候跳出目前所走道路的局限。可以很精准，也可以很宽泛，随你喜欢。在接下来的练习中，你可以随便选择住处，做任何事情，成为任何你想成为的人：“销售分析师”可以是“宇航员”，或者“重要的政治人物”。你可以有 5 个孩子，10 只搜救犬；你可以是苹果公司或是亚马逊的员工。多练几次，考虑到每一种能够吸引你的可能，而且再次确保自己捕捉到自己的每一个影响力。

要反复多做几次，这需要一些时间。对有些人来说，他们的答案是发自内心的——他们知道自己生来就是科学家、诗人或者水兵。而多数人则是从外在世界考虑，自问："世界需要我做些什么？"就在我写这本书期间，约20亿人过着极其贫苦的日子；肥胖症困扰着这个发达的国家；中产阶级的薪水越来越低，渐渐失去希望；每两个家庭就有一个因离婚而破碎；每年有数百万无辜的生命因为暴力、疾病、车祸而丧生，然而，却从没有太多的机会施以援手。科技正在改变世界，科学家在寻求治疗癌症的方法，机器人很快可以代替人类驾驶，而教育工作者也在探索如何更好地教育孩子以应对截然不同的未来。世界需要你大刀阔斧地做出贡献。抓住此刻，做出选择。

这个练习并非空想——事实上，没有什么事情是你做不到的。只要有可以完美执行的计划，学英语的也能成为商业领袖，银行家成为社区积极分子，销售人员是艺术家，消防员变成电视新闻主持人。在这个练习中，不要压抑自己，画出让你真正自豪的影响力导图。

如果能有所不同，你会有多大影响？

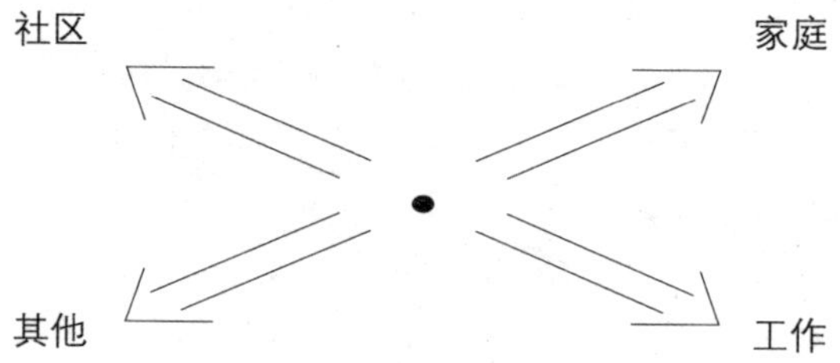

图 1–3

现在，你看到的框架就是你当下和未来所创造的价值。这个练习——虽然与人生规划关系不大——却是你设定人生目标蓝图，最大化地给他人以积极影响，至关重要的第一步。接下来的练习则是对每一个选择进行考验和磨练，帮助你不断缩小范围确定自己的事业方向和人生道路。

（时间到！你有没有做练习？你的人生目标并不在这本书里，最后一章没有揭晓答案，而只是告诉你："你应该拿下MBA，在生物科技行业获得成功。"这条通向明确目标的事业之路，只会在你认真思考、拷问灵魂之后才会显现。要梳理出想法，进行加工处理，最好的办法就是找一个安静的地方，用手写出来，或用键盘打出来，这样有利于理清思绪，强迫你认识并看到自己的所思所想。这是一种不可思议的情感宣泄。实验中写下承诺的受试者中，有42%的人会坚守承诺。所以写下来吧！）

一旦有了自己的影响力导图，也就准备好了迈出下一步。

练习2：幸福矩阵

在第一个影响力导图（图1-1）中，你因为自己目前的事业不够宏大而失望不已。而在第二张图中，你能发现自己目前的人生轨道可能潜能无限，或者意识到当前轨道毫无前途。第三个练习是最难的，因为跳出当前事业生活的框架，就会有无数选择。看到自己能做各种事，能对自己以外的生活产生广泛的影响，这很让人开心，但导图并非现实。你有充分的理由成为国会议员、企业主管、全职爸爸、思想领袖、改革家。棒极了！那现在怎么做？

设计一条职业道路和设计产品有共通之处：设计时尽可能多地包含各种性能。一些设计很差的产品会有一些无用的功能。以被淘汰的智能手机为例，这些手机里要么满是各种用不到的软件程序，要么性能款式不佳。相反，畅销产品会专注于实用的功能，简洁高雅。

你可能记得也可能不记得第一代iPod。这个产品的设计初衷是带给用户可随身聆听的私人音乐体验，iPod只有五个按钮，界面简单，非常好用，一上市就让其他音乐播放设备惨遭淘汰。iPod没有设计太多性能，设计者清楚地区分出了哪些性能是必备的，哪些是更好的。

他们认为：好的音乐播放器要能存储最少 1000 首歌，续航时长 12 小时，体积要比扑克牌小，操作简单，价钱合理；而更好的功能则例如：歌曲存储量更多，续航时间更长，更轻便，能联网，甚至能够安装推送附近单身人士的应用程序。“必备”功能是产品设计的“约束”，因为它永远不会在“更好”的功能行列。

在这些“必备功能”和“更好功能”里，是各种权衡妥协。要让 iPod 体积更小，就需要更小的硬盘驱动，如此一来，歌曲存储量就变少。如果在 iPod 上安装 GPS 定位器，续航能力就会受到影响。如果设计一个触摸屏也会很酷，但与此同时，产品售价就会增加。最终，设计者把重点放在“必备”功能上，使后来增加更多功能成为可能，最终成就了今天每个人口袋里必不可少的智能手机。

我们的生命也是如此——我们面临太多选择，因而人生的许多性能都会被考虑。我们追求教育、事业、财富、家庭、好习惯、健身，希望受欢迎，做慈善，交朋友，去旅行，等等。而开启一扇门，自然就会关掉另一扇。赚个家财万贯自然不错，陪伴孩子一起成长也很不错，而兼顾两者就很困难了。做个好父母，跟满世界出差的好工作，是互不相容的。不能明确选择必备性能，就无法做出权衡妥协。

我们会为你设计一条事业之路，从决定你想要得到的影响力开始，然后把这些影响力分成必须要有的“约束”类，和拥有了以后生活会“更好”的一类。在前面的练习中，你对自己能实现的影响力进行了思考，而现在，你可以知道对你而言哪些事情是对的，然后清晰地看到自己的道路。方法很简单：专注于你喜欢做的最有影响力的事情。再次拿起笔，填写自己的“幸福矩阵”。

画四个竖列。在第二列写下你最喜欢的事情，按照类别梳理（家庭、社区、课外等）。把这一列的行距设定得大一些：“喝一杯拿铁”让你开心，“观看棒球比赛”让你放松，而这些都不是你人生的伟大使命。我希望你写的是让生活变得特别的事情，比如“几代同堂的黄金时光”“为人类生活环境做自愿者”“帮助客户成功”。

你会发现，除了工作，不难找到自己喜欢的事情，却很难说出自己喜欢什么职业——如果已经拥有一份喜欢的事业，你就不会借助书籍找寻答案了。现在，仔细想一下工作中让你有成就感的活动。有些人在进行创作时内啡肽会增加，比如写作新闻广告文案，设计网络用户体验，推销店内展示的产品等。还有人从发展中获得巨大的个人满足感：让客户关系管理工具变成现实，设计体系让创造性资产的寻找及管理变得容易，推荐组织架构让区域主管管辖内的16个国际办公室团结一心，制作Excel表格显示不同产品的价格决策对收益的影响。解决问题时你充满活力：查看数据，选择适合投放新产品的市场，合理配置不同部门的资源实现利益最大化，调解两个各持己见的股东之间的矛盾，应对竞争对手的营销策略，等等。也有可能你成功影响他人时状态最佳：终止商业发展合作关系，说服客户接受上涨的价格，激发团队把工作做到最优，管理股东确保项目资金。找到你喜欢的活动，写在第二列，开始理清你想要用尽毕生来做的事情。

第三列很简单：写下你讨厌做的事情。有些人会因为出差过多，在多功能小组工作，24小时随时待命，而不开心。另一些人则害怕当众演讲，讨厌Excel表格。在你创作第三个影响力导图时，你会意识到自己也有可能去发展中国家与疟疾斗争，但如果你真的讨厌炎热和蚊子，那么现在的练习会让你重新选择道路。每个人都有自己不喜欢的东西——写在第三列中。

在第四列中，写下生命中不可或缺的东西。对一些人来说，没有家，或者没有头衔，没有足够的户外活动时间，不能经常去欧洲旅行，就会觉得不开心。这一列是最难填的，因为人们很难对自己诚实，也不容易意识到一些无法轻易认识的事情。比如，我们不必为金钱与幸福的关系而困惑——但是如果你喜欢度假或者名牌服饰，你必须意识到那要花很多钱。

看看下面的例子：

幸福矩阵（示例）

	我真正喜欢或可能会真正喜欢的事	我讨厌的事情	生命中不可或缺的东西
家庭	跟我爱的人分享生活经历；旅行；城市冒险；文化 共享欢乐时光：美食，友谊，美酒，笑声 将来：每天和孩子互动、学习的时刻	无	和爱人、孩子、父母亲人之间良好的关系 身体健康 傍水而居 更好的生活，旅行所需要的足够的金钱 将来：确保孩子得到最好教育所需要的金钱
工作	影响他人——会见合伙人，学习他们的业务，找到一起工作的方法 良师益友—— 乐于帮助他人，成就他人 将来：领导力——团队管理，制订目标策略 从事前沿技术的开发与创新	公差太多 毫无意义的官僚做派，等级制度	振奋人心的工作任务 勤奋努力、奉献自我的同事
社团	从金融、策略、行政等层面为非营利组织发展做贡献	和效率低下、官僚做派的组织合作	充足的收入，能够多支援社团建设
课外	喜欢一些有竞争性的事物：运动、棋盘游戏、扑克，等等	讨厌聚会，只喜欢和亲近的朋友小聚	工作之余和好朋友联系

上面的例子并不完整，你可以看到设计约束越来越突出。这个

人喜欢影响他人，管理他人，指导他人，所以喜欢销售、市场营销、综合管理等工作。他喜欢科技，这让一些行业得以凸显；讨厌官僚作风，所以他应该会选择小型的公司组织，或者大公司组织中独立管理的部门。他希望生活工作两不误，花在生活跟社团活动（需要经常出差、工作强度大的活动不予考虑）的时间，与为让生活更美好而追求事业成功上的时间（美好的生活能促使他工作更努力）相平衡。他希望拓展什么产品或服务？想在自己的岗位晋升多少？这些都取决于他是否会构筑自己的影响力导图。练习的层次已经映入眼帘，所以可行的潜在事业之路也已成形（第三章“决策”会帮助你进一步理清你的选择）。

现在，根据下面的矩阵表填写自己的幸福矩阵。不用担心会写错，错了再买一本我的书，重新填就好了。[1]

我的幸福矩阵

	我真正喜欢或可能会真正喜欢的事	我讨厌的事情	生命中不可或缺的东西
家庭			
工作			
社团			
课外			

[1] 开玩笑的，用纸写就行，或者登录 thecareermanifesto.com 填写。

很好！到现在，你可以把现在的生活跟你想过的生活进行对比，放心大胆、雄心勃勃地思考你会如何影响世界。你已经弄明白了自己喜爱的事、讨厌的事、幸福必须要做的事，大胆地确定自己想要的影响力，确定自己喜欢做的事情，就能知道自己应该做的事情是什么了。

下一步就是罗列出在事业道路上需要做的具体决策，在明确目标前缩小选择范围，可以带来最大的满足感和更好的体验（这并不是说你不能追求其他的事业，而是说这个应该是你职业或私人生活的第一要务）。下一章，我们会制订一个具体的计划，在你的设计约束因素内，实现你想要的影响力，实现个人成功事业。

第二篇

计划：如何实现目标

要实现目标，接下来就是制订步骤，执行这个宏伟计划，抵达自己想去的目的地。现在，深化你的事业选择，设计自己的职业蓝图。

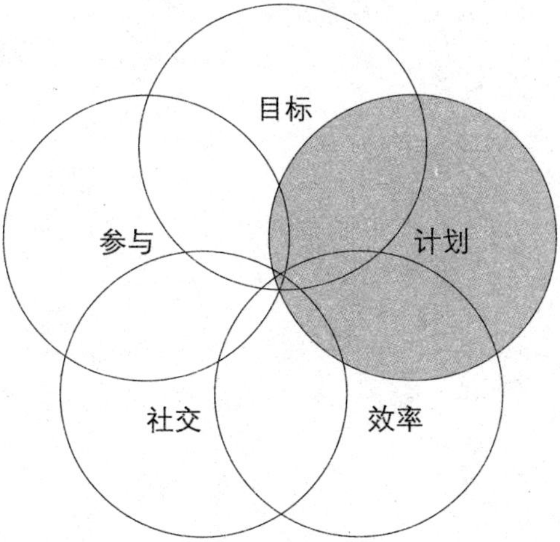

第三章

——> 决策

你的时间有限，所以不要浪费生命重复他人的生活。

——史蒂夫·乔布斯

几年前，有一个广告销售业的后起之秀，来我的办公室聊他的事业。看起来，他不太喜欢自己的岗位，所以来寻求建议：是不是应该转行？改变岗位？想办法升职？我没有回答这些问题，而是跟他一起讨论第一部分中的东西：他会怎样影响世界？什么让他开心？他不喜欢什么？他承认，自己不喜欢广告，不喜欢销售，也不喜欢在大公司工作。自然而然，他也就不会享受自己在大公司线上广告销售的工作。然后，我接着问他喜欢什么。他眼睛一亮，说："我喜欢电影，上过电影学校，将来一定会拍电影。"

我问他为什么现在不拍？他滔滔不绝地说出了很多原因，就像提前设计好的一样："电影行业不景气；现在时机不对；现在的工作很不错，辞职太不负责任了。"

我承认，这些理由都很合理，但是未来五年十年，这些理由同样有说服力。"所以，你的意思其实是你永远不会拍电影了？"

"不！我……我只是得先事业有成，才能进军电影业。"声音越来越小。

"我问你，四十年后，你更希望看到哪个：是变成公司最成功的主管，拥有金钱，受人爱戴，位高权重，却没有拍成一部电影？还是成为电影制作人，没拿到什么奖项，也没有创造票房纪录，但是却拍摄了数十部感动万人的电影作品？”

沉默了一会儿后，他说：“我想拍电影。”

一年后，他在拍电影。

许多人在事业初期，通过熟人推荐，领英网（LinkedIn）广告和人事部门的电话，随随便便地找了个工作。我读大学时，有很多企业来学校进行校招。我参加了几个公司的面试，最终进入《哈佛商业评论》中排名第一的公司，然而尽管这本杂志声望颇高，却无法洞悉我的人生目标。几个月后，我彻底沉浸在如何给老板留下好印象，如何得到提拔这些事之中，没有什么更大的计划。许多人整个职业生涯都是如此。

幸福事业道路的第一步就是做出选择。

对多数人而言，梦想之路就像是第二次个人影响力导图的练习，精彩未来就在当下所做事情的不远处。你就是下一个销售精英，管理着一支销售队伍，帮助客户成功，培养下一代销售领袖。可能你还不知道如何实现目标，但你大概知道自己走的路是正确的。又或者，你是闷闷不乐的银行家，想创办自己的公司；是郁郁寡欢的律师，梦想开一家瑜伽会所。更可能的是，你并不知道现在的工作有什么好处和坏处，而想做的工作虽然有趣却充满未知，而选择又多得让人不知所措。你可能用了好几天，做了 3 遍个人影响力导图，却依然毫无头绪。

下面的这些问题可以让你确认与自己影响力导图和幸福矩阵最匹配的职业的特点，排除不适合你的选择，最终帮你确定自己的事业之路。

哪个行业？

一个适合你的事业规划，首先应该是找到一个能满足你影响力导图和幸福矩阵的行业。

这应该是个人的决定，是不该让他人替你做的决定。在我生活的纽约，如果你扔一个水球，砸到的很可能就是某个金融从业者，或者某个有抱负的艺术家。在这里，很容易会选择金融或艺术作为自己命中注定的事业，就好像底特律人自然应该在汽车公司工作，德克萨斯人应该在石油业，而硅谷人应该从事软件行业。

好的职业蓝图关键在于，选择符合你价值观的道路，而不是其他人觉得你应该做什么。知名实业家埃隆·马斯克（Elon Musk）思考最影响人类未来的问题是什么，因而规划了自己的事业，随后把生意重心放在多个领域，比如电子支付——贝宝（PayPal），太阳能——太阳城（SolarCity），电动汽车——特斯拉（Tesla），太空旅行——美国太空探索技术公司（SpaceX）。在当时，对任何人而言，这些道路并不明显，但是因为符合创业者的构想，我们才有各种汽车，并住在新能源供电的住宅里。

开始研究各种行业，扪心自问：这些行业能否让世界更美好？这个行业的产品是否让人们的生活更便捷、更满意？这些给人们带来了什么感受？花费数以万计个小时取得成功后，我有什么样的感受？你的大半生都将奉献在这个产品或服务上，要确保你的付出是值得的。

要做到最好，除了投入精力在能体现你价值的行业上，还要确保你对这个行业感兴趣。试试鸡尾酒会测试：如果你不能一边喝酒一边滔滔不绝地聊你的工作，很有可能现在的工作不适合你。

除了价值和兴趣，你也应该考虑到行业的发展前景。美国劳动统计局预测的行业经济产量，《财富杂志》评出 100 家发展最快的企业，企业网（Inc.）列出 5000 家发展最快的企业，这些都可以让你了解美国经济最火暴的行业。而在你看新闻，以及跟业内人士聊天时的观察力更重要：哪个行业会受到科技、全球竞争、不断变化的消费模式等的冲击？你会得出自己的结论，比如：线上网店会取代传统实体连锁店，远程医疗会影响传统医疗服务，社交媒体则会导致传统媒体消失。一般来说，你更想在接下来的几十年从事有发展空间的行业。行业发展越快，业内企业招聘、创造新机遇、晋升、发展新想法和生意的速度也就更快。相反，日渐没落的行业则更容易削减投资，停止创新，不断裁员。

几年前，我们无法找到最令人兴奋的工作。而现在，你草率无知选择的第一份工作还没有成为你的整个职业生涯，正是你停下来，问问自己是否选对了行业的好时机。

如果你发现自己入错了行，不要灰心，我们会更进一步地讨论职业规划和职业关系网（分别在第四章和第九章）。现在，只要清楚自己的影响力导图和幸福矩阵，确定你更喜欢哪个或哪些行业。接下来，我们要讨论行业中哪个职位最适合你。

哪个职位?

要思考适合自己的企业职位，道理很简单：职位无非三种——生产、销售、生产者和销售者的维护。放之所有企业而皆准，一些员工生产产品，另一些人推销产品。非营利组织也是如此，一些人发展提供服务，另一些人拉取募捐确保运营。同样地，在政界，一部分人活跃在政治舞台上，另一部分人为他们出谋划策，还有一部分人筹资金拉选票。艺术、科学等各种领域都是这样。这里我们以公司为例。

生产：

- 生产
- 工程

- 产品发展
- 设计
- 创意指导
- 研发

销售：

- 直销
- 业务拓展
- 内销
- 客户服务
- 消费营销
- 企业间营销
- 渠道管理（零售商管理）
- 物流
- 募资
- 游说 & 政府关系

生产销售维护者：

- 金融
- 法律
- 策略
- 企业发展
- 咨询

你会选择什么？在幸福矩阵的练习中，你已经确定了工作中喜欢的事情，比如“有创造力”“有组织力”“解决问题”或“影响他人”。

都是组织力，物流监管和金融管理却是截然不同的两种职责。同样地，高度个性化企业的发展专员跟受雇营销专家对他人的影响也不一样。记住自己的喜好，然后钻研这些职位，利用专业刊物了解相关从业者（每个行业都有自己的杂志、博客），或者亲自接触从业者进行了解。

然后，进行组织结构图测试，列出这个职能的最高岗位，思考自己是否会喜欢它，是否会乐在其中（暂时设想自己会做出个人取舍，来取得成功）。接下来思考，不管选择哪个职能，企业中这个职能的中层岗位，是否依然对你有吸引力？举个例子，如果觉得财务总监很酷，而当上财务总监之前，要先成为资深金融分析师，你是否愿意？如果答案是肯定的，那么好了，你已经确定了自己的职位。

（注：在这个练习中，许多人会停下来说“可我不擅长这个职位角色”。不必疑虑，这个阶段，没有谁擅长自己梦想的职位。这个练习只是让你筛选自己喜欢做的事情，然后制订计划去做到擅长。你已经在研读如何实现梦想之类的图书，你已经跻身那十分之一求知好学、雄心勃勃的人员之列，我确信你会学会金融，学会电脑编程，学会如何领导营销团队，学会其他任何你想学的东西。）

最后，你会确定自己是当专员还是当主管来履行这个职能。诸如顾问、代表、咨询、银行家、律师等都是专员，受雇解决某个特定问题，按小时收费。而主管则管理业务或业务计划，负责策略布局和执行。专员阅历丰富，比如顾问每三个月就会有一个新客户；而主管则一年到头都跟相同的人共事，处理相同的业务，积累深厚的行业专长和经验。多数成功的事业是从专员开始，学习积累丰富经验，比如咨询、金融、法律、会计，然后担任两三年主管。这样做可以确定自己更喜欢给出建议的过程还是更重视结果。

合适的公司规模和阶段?

大公司培训资源多，工作岗位明确，晋升阶梯管理严格，官僚主义严重，更需要你跟其他人合作完成任务。而另一方面，小公司中，或者处于发展初期的公司，工作多，人手少，因而你的责任也会越来越多，你可以独立制定决策。而同时，小公司组织不成熟，战略方向变幻无常，培训资源有限。创业者经常面临资金短缺，甚至破产。

举例而言，有两个类似岗位：收入百亿、员工过万的媒体公司的数字发行主管以及迈克创业网站（Mike’s Startup.com）的发行销售主管。身为大型媒体公司销售团队的一员，你要参与每一笔盈利项目，比如发行商 YouTube、亚马逊（Amazon）的许可内容授权。如此，你很容易就能与高管会面,因为大媒体公司知道保证内容是至关重要的。接下来的几个月，你就可以跟公司高管商谈关于销售、公司战略、谈判策略等事宜。也有可能需要你模拟经济场景，起草内部策略草案，准备会议材料。你的上司会尽可能猜测更高层领导的期望，给你意见，让你修改。更有可能，你的上司猜错了，你还要再次修改。公司的高管也会参与进来，毕竟这笔生意影响他们的份额，而且他们觉得和亚马逊这样的知名公司合作也会提升自己的声誉（大公司的一些人每天都在精神上给自己的简历增值）。另外，如果这笔生意需要自己或部门额外作业，人们就会需求更多的资源和预算减免，这就需要更高层的管理人员参与进来，一起解决每一个危机。

几个月之后，会议终于如期举行，你在自己的办公室想知道会议是否顺利，因为执行副总裁、高级副总裁也决定参会，主管肯定也会参会。散会后，你得知公司对生意条款做了一些改动，知道了西雅图四季酒店很不错。年末，你收到业绩评估，获悉自己是否晋升。你也可能会参加大媒体公司为新员工打造的为期两天的谈判工作交流会，学到非常重要的战术，能帮你 15 年后成为能和亚马逊进行谈判的执行副总裁。

跳槽时，许多猎头会因为你在名望很高的公司工作过而印象深刻，评估你在那个严格的环境中学到的技能，在聘用你时给你更高的职位。

而迈克创业网的发行主管则截然不同。你满腔热情地跟亚马逊联系，但是没人回电话给你，因为他们没听说过你的公司，而且每天都有各种小公司跟他们联系。你会翻找自己的社交平台，想找到一个在亚马逊工作的熟人，最终，你大学室友的朋友把你引荐给了 Audible.com 网站的某个员工，这是亚马逊在遥远的纽泽西州纽瓦克市的分公司。你安排了一次会面，需要你自己准备制作文案，自己展示，因为你的公司不能奢侈到让高中低三个层级的员工参与每一个项目。

这位 Audible 的新朋友说，他老板可能会对你的项目感兴趣，但需要你大幅度修改一下，好满足他们公司的特定需求。你回到公司，制造声势说："我们公司要跟亚马逊做生意！"很快，公司创始人派工程师和技术产品经理参与到你的项目中。如此一来，你就领导了一个团队！你和新团队一起工作到凌晨，根据客户需求制订解决方案。你用外卖支撑自己度过整个项目期间。

两周后，就在你和新朋友的老板的后续会议之前，工程师和科技产品经理转去了其他新的项目，因为老板突然宣布公司要根据市场反馈执行新策略（这就是创业者所说的"我们没法用老套的策略来集资"）。突如其来的变化让你很沮丧，但很快你平静下来，因为公司任命你为客户运营副经理来支持新策略，还给了你有公司新标志的工作衫。

这两个例子故意说得有点夸张，是想让你感觉到大公司和小公司工作之间的差异，知道在两个地方要面临的挑战。两种情况你更喜欢哪一种？我建议你写在你的幸福矩阵里。

还要留意有很多混合两种情况的选择。就我个人而言，我最早是在一家大型百年老公司的新分部公司，因此它具有上面两种公司的特点：资源丰富，能接触到其他公司主要的决策制定者，可以招募优秀人才，却也面临程序繁琐、勾心斗角和大公司的挫败。后来，我去了一家令人兴奋的科技公司，这家公司首次公开募股，拥有 2 万余名员工（今天已将近七万五千余人），拥有几乎无限的资源和客户渠道，却依然保留着新公司的文化和紧迫感。现在，我管理着一家创立 20 年的公司，近千名员工，规模大到足以让我投身于此，资源也够满足我的抱负，却又小到任何员工都能给总裁带来新机遇。自然而然，有很多兼顾两者的选择，但是，知道哪个选择的极限更适合你，有助于你找到符合自己价值观和性格的公司。

多少钱?

对大多数人而言，选择职业时，就算金钱不是最重要的考虑因素，也是最重要的考虑因素之一。不是因为贪婪，而是因为钱能满足基本需求，让实现目标变得有可能，比如摆脱贫困，申请到更多贷款，付得起医疗费，买得起食物，给孩子更好的教育。但是，少数幸运的人拥有大学学位，或高需求的技能，给他们带来了更高的收入、稳定长久的工作。对这些幸运儿来说，他们想挣到更多钱，或者得到自己真正需要的东西。研究显示，一旦美国人年薪达到 7.5 万美元，再多的钱也不能让他们快乐。（根据生活消费水平，高消费城市纽约的年薪要达到 15 万美元，而德克萨斯州的小城市麦卡伦年薪得在 5.5 万美元。）

从本杰明·富兰克林（Ben Franklin）到丹尼尔·平克（Daniel Pink），所有人都告诉我们，金钱买不来幸福，但是收入依然是很多满怀壮志之士选错职业的主要原因。我认识很多“成功”人士，因为钱而没有选择自己梦想的生活。事情是这样的：艾利克斯（Alex）是一家蓝筹公司的优秀员工，收入不菲。她的影响力导图和幸福矩阵显示，她想管理一家公司，而且也积累了一些技能、经验和人脉。一天，她接到一个电话，让她去一家小公司担任经理之类的角色，监管所有业务运营，这是实现她梦想的一大步。薪水减半，但她依然能够支撑几年。巧的是，现在的公司告诉她计划提拔她，给她涨工资，还有股份。公司领导对她说，留下来吧，现在就给你升职加薪。几分钟前，艾利克斯还在想选择最喜欢最幸福的事业之路，而此刻就在比较收入和头衔。最后，她选择了留下。当然，她不会告诉自己："我不会为了金钱和头衔而放弃自己的梦想。"而是说："有了钱，我是在为未来创造更多选择，我可以把钱存起来，然后我就可以跳槽，我这是在买自由！"

我们太聪明，聪明到不愿承认自己正在放弃。

六个月后，艾利克斯换了一个大衣柜，准备换一个更大的房子。那些承诺自己要存起来的钱，只是让她提高了生活消费，让自己的创业计划成为虚无。她和朋友依然会在周五晚上放松，只是去的餐厅越来越高级，喝的红酒也越来越名贵。

干杯！为艾利克斯职业目标的夭折而干杯！

在比较两个选择时，人们多是选择分量重的那个。这是不对的，因为一旦满足了基本需求，你买什么都不如实现目标更让你开心。好在，现在有办法让你控制自己的事业不落入这个陷阱中。在我们旅程中的此刻，你已经知道了什么对你最重要，什么会让你幸福，也就不难算出相应的代价。选择一个时间点，不管 40 岁还是 50 岁，写下能让你幸福的东西：幸福的家庭、两三个孩子的医疗费用、大学学费、度假，等等。如果想在 67 岁退休，列出每年要存的钱。考虑到各种用钱，贫困时期、意外疾病、烧水壶坏掉，等等。也要把你想做慈善的钱算在内。全部加起来，还要算上你要缴的各种税。这就是你的神奇数字，你还可能需要修改一下（可能会搬到郊外，度几次假，迟点退休），或者会重新规划自己的事业，比如你决定为改善发展中国家人民的医疗健康做贡献，或者希望在自己快 40 岁的时候家庭收入达到 10 万美元。和平护卫队的薪水是无法让你实现目标的，可知名非营利组织行政总监的工资可以达六位数，但是良好的行政总监职业规划可以让你实现自己想要的影响力，拿到期望的薪水。作为非营利组织领导，你会忽略薪水更高的职业道路，但是神奇数字的关键不是挣到最多，而是挣到追求理想得到幸福所需要的足够的钱。

现在，想一下自己需要多少钱，才能投入实现余生影响和幸福最大化的职业道路。

练习 3 悼词

目前，我们已经透彻分析了有意义的人生和事业的两大因素：对世界重要，幸福。利用影响力导图，首先理清目前的影响力，然后思考排除一切限制后真正拥有的影响力。接着，借助幸福矩阵，进行一系列审问和练习，确认自己真正喜欢的事情。你已经清楚具体地知道自己想要的人生与事业，现在，通过另一个练习，把这些东西混在一起。这个练习完全采用史蒂芬·柯维在《高效能人士的七个习惯》中提出的“以终为始”。想象某年某刻，医生说他们已经尽力了，你不再恐惧结束，再次思考人生。后悔吗？惭愧吗？有没有因为恐惧而没有追求梦想？过着中规中矩的生活还是自己想要的生活？还是因为想到自己已尽可能地发挥天分，尽力获得自己的积极影响，为自己认为对的事而一直奋斗，而嘴角上扬？

为了在关键时刻，想想自己是否过上了想要的生活，接下来的几十年，你准备怎么做？

最后一个练习，是让你充分明白自己想得到什么样的生活和事业，即：写下你的悼词。

> 艾利克斯·史密斯是个受人爱戴的主管，敬业奉献的员工，慷慨体贴的邻居，有爱她的丈夫、孩子和孙子。人们会记得她领导知名生物科技公司的研发部影响了发展中国家。朋友会记得，即使年近九十，她依然会在网球场打球……

写一遍，再写一遍，直到这个悼词中写的是你，是真正的你，让你觉得自豪为止。悼词把所有影响力导图和幸福矩阵中得出的自己期望的个人和事业之路融合在一起，让那些练习更明确，让你清楚地找到更好的答案。悼词中提到的都是对你真正重要的事。我相信你不会在悼词中写豪车、积蓄以及 Instagram 上有多少粉丝。你也不会反思，除了你爱的人和你为之服务的人以外，其他人如何看你；你不会提自己是两年还是三年得到提拔，别人是否比你晋升得快。但是你会写下自己的工作对家人、社团、世界所产生的影响，会写下你短暂的真正开心的宝贵时刻。

回过头去，看看悼词中的几个关键词：公务人员、研发领袖、充满爱的家庭。这些，都是你人生规划的支柱，是你投入时间和精力的事情，是努力要实现的目标。

如果说这本书让你也跟着做了什么，我希望是这一件事：一旦你确定了自己想要的生活，你就完成了最难的环节、最关键的环节，也是其他人都没做到的环节。现在，只需要制订计划，实现目标：你的职业蓝图。

第四章

⟶ 你的职业蓝图

> 噢，可是没人告诉我到底什么最伟大，
>
> 被不喜欢的事情奴役了近 50 年，
>
> 在平庸之路上逆来顺受，
>
> 如果是你的路，那你走，这绝对不是我的路。
>
> ——弗兰克·特纳《光合作用》

前几章，你弄清了生活的“为什么”，确定了自己独有的目标和幸福源泉，也知道了适合自己兴趣的行业和职位。现在，你将制订实现目标的计划，开始踏上实现自己想要的事业和生活之路。

我是从 25 岁开始踏上旅程的。那时，我在一家知名公司有份很不错的工作，为执行团队分析潜在的收购目标，时常跟一些令人向往的业内重要人物商讨结论，跟睿智出色的人一起工作，父母以我为傲。但内心深处，我总觉得这工作不太对劲儿，虽然说不清具体原因，但我觉得不开心。工作时间很长，但这不算什么，我从高中就习惯通宵熬夜。我一直觉得自己早该晋升，又总想到从事金融业的朋友收入比我高很多，因此就把自己的不开心归因于此，想着当上了副总裁就会开心。

后来，一个在幼儿园当老师的朋友邀请我去她班上的职业体验日做演讲。我跟小朋友说，我的工作是帮他人“出一些伟大的点子”“买公司”“确认合作”。在问答环节，一个小女孩儿问了我几个她想好的问题：

“你在纽约工作吗？”

“是的，我在！我爱纽约！”

“你上班也带便当吗？”

“不，我一般都是买沙拉，不过带便当这办法真不错！”

“你的工作重要吗？”

“什么？”

“你的工作重要吗？”

“呃，我们指导总体资金配置，这是股东利益的关键。然后，当然，企业并购不可能总是顺利，但总要有人做这一件事，我们就是做这件事的。还有，公司老板都不知道的整体战略格局，但我们知道，而且——”

“我只能填‘是’或‘不是’。”

“哦，呃……不是。”

就这样，我所有说不清道不明的工作焦虑，对下一次晋升的期待，工作不悦对生活的影响，因为小朋友简单的问题，而豁然开朗。

我的工作并不理想。可我却一直以为等我成为领导和行政人员，不再做琐碎的事情，工作就完美了。我觉得那些建立团队、鼓励团队、指导团队做大事的人在推动世界发展。而我既没有在做这些事，也没有在学习如何做这些事。工作是不错，但工作不属于我。

我进行了一系列反省练习，最终得出了自己的影响力导图和幸福矩阵。我不断地重画导图，重写幸福矩阵，直到确定自己的人生方向。我坦诚了自己的真实想法，想领导他人，想对团队的成功负责，想对客户的人生有重大影响。我还想跟自己的意中人结婚，在纽约生活，有自己的孩子，做个好父亲，为教育做贡献，让贫困的人得到工作，以此回馈社会。如果成功，我会写一本书，如果全部实现，我会很满意自己的悼词。

现在只剩一个问题了。所需要的素质和经验，我几乎全无。

在旅程的这个阶段，你也是一样的处境。想走的事业之路需要有从业经历，可是都还没有做过的工作，何来经验？一般人都是在自己的岗位上，熬到上司退休或被辞退，得到机会。而你，不再一样，你创造机会。

我们要做一组练习，得出自己的职业蓝图，实现自己的梦想。这也是我如何规划自己职业道路的，它让我在许多情况下选择对的岗位，自愿担起额外的有关职责，向导师和教练求教，阅读相关图书，等等。练习很简单，也很清晰，会照亮你的职业使命之路。

举个例子，假设你的职业目标是某电子商务公司的资深技术总监，旨在营造线上购物体验，为数百万人的生活带来方便，降低成本，同时减少实体商店的资源浪费。虽然你觉得不管头衔是什么，管理一家大型的科技公司就是你伟大的职业使命，但为了清楚明确，把这个岗位叫作首席技术官（CTO）。

写下所选行业中你所能想到的所有 CTO 的名字。用谷歌搜索“电子商务领域最好的 CTO”。研究他们的简历，找出他们职业之路上所积累的技能、经历、成就，然后记下来。再用其他方法找到更多信息，比如朋友的朋友是科技公司的高层，那就找他聊聊；又比如阅读相关话题的图书，等等。

把所有资料汇总一下，你所需要的技能、经历、成就如下所示：

- □ 有效管理多个员工的能力
- □ 紧跟最新技术走势、跟上产业未来可能出现的新发展
- □ 有在大型工程工作的经验，这些工程有截止日期和预算
- □ 经验丰富的问题解决者，能理解客户的需求，并转化成产品

特性，创造特性

□ 擅长编码的优秀工程师

□ 熟悉各种业务功能，制定有理有据的技术决策

这个清单是职业必做清单的基石。有些项目会变得清晰，能够实现，比如紧跟科技潮流；而另一些，比如管理数百位员工，似乎有点难以实现。不要慌：我第一次做这个练习，翻看成功 CEO 们的简历时，我发现自己唯一管理过的员工是菲利克斯，一个暑期实习生。你只要制订计划。亨利·福特说过："工作化整为零后，就没有什么是特别难的。"后来，他就把马车变成了汽车。对你而言，接下来要做的就是把这些特征分解成能够看到、容易实现的小事项。比如，把清单中的第一项分解一下，"有效管理多个员工的能力"就会变成下面几个环节：

□ 善用各种管理工具，比如预算、设计组织机构、绩效管理

□ 雇佣优秀人才

□ 为公司制定符合业务需求的清晰明确的目标

□ 能下放权力，激励人心，指导员工，提供有效的意见反馈

这样，你已经向 CTO 级别的企业领导迈进了一大步，做到"雇佣优秀人才"这样的小事不足为惧。下面，我们会制订计划，学习接下来几年职业生涯中的每一个小任务。再一次，分解上面清单的第一项"善用各种管理工具，比如预算、设计组织机构、绩效管理"。

□ 预算——研读尤金·布里格姆 (Eugene F. Brigham) 和乔尔·休斯敦 (Joel F. Houston) 合著的《财务管理理论与实践》

□ 预算——跟学会计的朋友吃饭，交流学术；从年度预算流程中学习组织实践

□ 预算——时机成熟，准备报告展示等工作，支持经理工作

□ 组织结构和绩效管理——研读拉里·博西迪（Larry Bossidy）和拉姆·查兰（Ram Charan）的《执行》；彼得·德鲁克（Peter Drucker）的《卓有成效的管理者》；跟志同道合的同事分享摘记

□ 组织结构和绩效管理——和做人力资源的朋友交流公司绩效管理系统工作的相关知识

□ 总体——参加MBA夜校，跟拥有MBA学位的同事交流，更好地理解相关知识

按照这种方式，分解清单上的每一项。有些项目通过日常工作可能就会实现：比如你现在是软件工程师，那么你每天的工作和实操学习就有利于你成为“擅长编码的优秀工程师”。而其他的项目，除非你得到提升，或者你创造经历，否则那些东西绝不会出现。就像上面解释过的那样，这些东西是你新技能的初体验。清单会告诉你在职业之路上你每周要做的事情。写下来，设定最后期限，然后尽力完成。每次做到一个，你就会不同程度地学习、成长、证明，而这些会推动你继续前进。

绘制和正确执行职业蓝图时，要注意几点。下面是其他人总结出的几点建议：

执着于不走寻常路 要得到与众不同的结局，就要用与众不同的方法。你的同事、同学、朋友中，几乎没人有自己的职业蓝图。大多数人衡量成功的标准是头衔、薪水、奖金，中规中矩，几乎没有对未来的明确规划。许多你所在行业的资深前辈也对此深感内疚——如果多数人只是做别人希望他们做的事，最终只有极少数人才能提拔为副总裁。许多人觉得对未来有一个详尽的伟大规划很奇怪，令人反感。

也有人无法理解你的职业选择。幼儿园的那次活动让我难堪不已，因为我偏离了自己的职业目标，之后不久我的团队开始讨论公司有史以来最大的收购案，每个人都趋之若鹜，想在自己的简历上添上这重重的一笔。而此时，我的导师——那时他比我了解我的职业蓝图——给了我一个渺茫的机会，让我为公司发展引进新渠道，这是获得丰富的运营和领导经验的机会。接下来几个月，整个团队都在为那个占据《华尔街日报》头条的生意忙得热火朝天，而我却独自在角落开发新的业务渠道。这是我第一次发展业务，第一次体验管理，第一次负责损益。这个业务是我新职业蓝图之弓射出的第一支箭[1]。

我曾经读过一位大人物的自传，“我只是做了其他人都做的事，而且，哇噢，我现在成功了。”如果你也做其他人做的事，你只能得到其他人得到的。我希望你能做更多。要完成自己的职业蓝图，要执着于走自己的路。

做自己的研究 你的职业蓝图需要你突破自己当前的知识范围，学习新的领域知识。字面意思是，你是在对自己不算了解的职业和工作做大胆设想并制订计划。某种程度上，你可能看不出自己的计划是错误的。仔细钻研与主题有关的图书、文章、博客、TED 演讲，有益无害。跟旅途另一端的某个人交流也是必不可少的。

可喜的是，人们是乐于分享建议的。成功人士出于热心或自尊，或者两者兼有，会跟他人分享自己成功的秘诀。喧喧嚷嚷中，就能得到许多见解和灵感。比如，上面的练习中，我们制定了 CTO 的职业道路，得到了业内一流 CTO 的名单。在谷歌和领英网（LinkedIn）上搜索一下，就能找到每个人的联系方式，询问是否方便登门拜访或者打电话聊十几分钟请教一些问题，如果都不方便，就问下是否可以发邮件请教。至少有一个，或许更多人，会同意的。如果发现自己交际

[1] 许多致力于大生意的人还在继续从事着一些令人钦佩的职业。对的项目不只有一个，项目正确与否取决于每个人的事业地图。

圈里有人认识名单中的一个，并且愿意为你引荐，你成功的几率会翻十倍（第九章会讨论人际关系）。问问他们，是什么推动了他们的职业？他们青睐什么样的人才？自己职业蓝图上的项目是否符合他们对职业的观察？如果重返 15 年前再来一次，结合他们当前所得到的经验，他们会做什么？

觉得很尴尬？第一次当然尴尬！你是在问一个令人生畏的陌生人，问一些人家成功的奇奇怪怪的问题。但是他们都为你的蓝图拼凑了一块，让你抵达自己要去的地方。多数非凡事业之路的每一步都是先让自己习惯。然后，习惯新的不习惯。

经理的职业契约 现在的经历对你的成功影响很大。如果在公司晋升是你职业蓝图上的一个环节，那么经理就可以在关键时刻助你一臂之力，比如提拔。就算你的职业蓝图指向别的地方，作为经常观察你工作的人，经理能够给你一些有用的建议和意见。把经理归为职业蓝图的一部分是成功的关键。

迈克尔·费纳（Michael Feiner）在《出色领导的 50 条法则》一书中提到：领导的责任是恪守“职业契约”，向表现优秀的员工提供技能发展、工作反馈、建议以及职业帮助等。你可以主动明确地询问经理是否愿意做你的导师，是否愿意偶尔一对一地指导你的职业规划（更多与经理一对一的意见和效果参见第十一章）。这样你就可以一边讨论职业蓝图，征求建议或引荐，一边摸索前行。

上司跟你的职业契约也会为你开启大门，找到“副业”——让你获得新技能和体验，又给上司带来收益的额外工作。比如说，你会得出成为经理就要先善于面试的结论，询问上司是否可以跟他一起参加面试，在旁边帮他记笔记，过后把概要发给他。将来的某天，你就会被安排去帮经理进行第一轮面试，筛选出不合要求的应聘者。也有可能，根据职业蓝图，你需要学习营销，所以研读了相关图书，你主动提出做一种新的营销手册，向顾客介绍自己团队的服务。如果你完成了日常工作，还能兼顾副业，上司就会更信任你，你肩负的责任也越来越多。这也有额外的好处，证明你在学习新的技能，在晋升时你就会得到关注。

而你则需要付出更多：需要做好日常本职工作，跟上司一起关注需要团队完成的工作，然后还要抽时间进行培训和咨询。如果因为专注长远目标，而忽视了自己的本职工作，很快就会失去经理的支持和信任。你既是超人，又是克拉克·肯特（超人前身），你必须准时完成自己的任务[1]。

要给予，不要索取 抱负远大的人常常看上去都像是贪婪自私的攀爬者。想不被人这么看待，方法是：先设想好要贡献什么，如何贡献，然后在此基础上设计你的职业蓝图和探讨的内容。之前提到的面试例子中，你可以去人事处找到一个人，强占别人的时间学习如何面试。你也可以跟对方说："我一直很尊敬那些珍惜员工、了解人力资源的专业人士，我也一直想成为这样的人。如果你也觉得意义重大，我是不是可以向你请教？我不知道你是否对工程学感兴趣，但如果你也想了解，我一定不吝分享。"很明显，这样的说法更真诚，而且一个关心自己造诣的人事专员是会乐于分享的。

也有这样的情况，比如你想征求业内成功人士的意见，你需要强占他们的时间，因为对他们而言你目前没有太多价值。但总一天你会有的。还有一点很重要的是，随着你不断进步，你不能忘记那些帮助过你的人。还有就是，总有人比你资历浅，不管怎样你的帮助都对他们有好处。读到此，记住你也会是其他人的好导师。让爱传递。

---

[1] 再提醒一句：你的上司不会总有你想要的答案，也不能总是给出客观的答案或建议。首先，某种程度上，他人的职业建议是不够理性的，因为那些本质上都是他们给自己的，而不是给你的。举个例子，问"我是不是该去读MBA？"回答多数取决于一个理由：你问的这个人有没有，或者想不想读MBA，如果是，那么答案就是该去读。其次，也许有一天你会超越自己现在的上司，也有可能在一条完全不同的轨道，所以，要学习，要求反馈，追求新的学习机会，感恩所得到的各种反馈，但是记住，只有你可以有效地计划并执行自己的事业地图。我的一位导师常说："你必须是你自己事业的执行总裁。"

跳槽要深思熟虑且目的明确 工作对你应该是意义重大的，符合你的幸福矩阵，根据职业蓝图不断地挑战你。不幸的是，很多人的工作无法满足这些。有些人意识到工作不对，却害怕做错，所以他们等待“绝佳机会”到来。还有一些人不习惯再晋升一级，而是习惯了懒惰安逸，美其名曰自己辛苦奋斗到了现在，应该要放松享受一下。问题是，止步不前就是倒退，身边都是雄心壮志的人，他们寻找新的挑战，早晚会取代你的位置。非凡事业的反义词不是简单舒服的事业，而是失败。

正确执行自己的职业规划，需要不断审视自己现在的角色，探索职业蓝图中的其他潜在角色。这不是说要选择跳槽，没有计划的变化比被动不变好不到哪里去。同样，也不是要不屈不挠地得到清单里所有晋升需要的技能和经历。跟经理建立良好的职业契约可以帮你最大可能地在当前岗位学到东西，但是有时要学新的内容就需要新的工作、新的老板、新的公司。现在的上司无法提供管理机会时，而另外一家快速增长的公司可以。或者，你的职业蓝图需要你前进一步，进入不同的行业领域，另一家公司更愿意给你更多的预算，或者给你更多职责。又或者，蓝图是开创自己的公司。那么接下来的几十年，你就需要多换几回工作。成功的关键在于，集中精力尽快完成蓝图上的任务，不断增加自己的个人价值，然后积极地做出决定。

你应该定期评估自己当下的工作，评估蓝图上需要你做到的其他工作。这样做的时候要注意，个人偏见可能会高估你已经做到的，或者低估你能做到的。对比工作机遇时，假设自己已经得到了另一份工作，问问自己是不是愿意辞去那个工作来从事现在的工作。如果不愿意，那么就是时候认真思考要不要行动起来了。

从根本上改变自己的时间管理 绝大多数人的生活包括两部分：工作与娱乐。要么是上班完成工作，要么是各种休息娱乐。而与众不同的事业和生活则是完全不同的方式。如你悼词所写，你如今知道自己要实现几个伟大目标，每个目标都有相应的计划。你设定了目标、行动项目和截止日期，其中有好多任务要在本季度完成，必须提上日程，投入其中。根据进度，定期检查计划，评估计划，调整计划。第七章会重点探讨时间管理，但这里我想强调一下，为了周末两天愚蠢的休息娱乐，而把工作搁置在周五，到疲惫不已的周一重新拿起，是另一条路上的人的所作所为。要实现事业的目标，每一天都必须做有利于成功的事。

不要忘记重点 这本书所有的例子都侧重于工作的有关策略和技巧，因为这些都是与工作最密切相关的（我们都经历过邮箱爆满，会议没完没了）。可是，这并不是说工作凌驾于生活中你所珍视的其他东西——悼词中家庭、朋友、社团可能比你的工作成就还重要。本书的目标是帮你在影响深远的生活规划中取得事业的成功。

所以，你的职业蓝图应该包含，深思熟虑地权衡对你真正重要的东西。你可以多花一些时间完成自己的职业蓝图，但那是以你跟所爱之人的关系为代价的。提拔到需要经常去国外出差的岗位可能会让你填补职业蓝图中的重要空白，但如果这个与你作为新晋父母的职责相冲突，你可能会明智地拒绝晋升。第一时间回复上司邮件会让你赢得好感，但你并不想在悼词中说你手机不离手。每件事都有一个清楚明确的计划固然重要，但分出时间和经历给每一个值得的事物，是非凡人生事业也要均衡的。

现在，明确知道了你自己可以做的贡献（影响力导图），知道了什么让你开心（幸福矩阵），知道了生命中想实现的事情（悼词），也有了实现目标所需的技能和经历的清单（职业蓝图），万事俱备，只欠你最大限度地成功完成计划。只知道自己想得到什么是不够的，还需要更有效地执行计划与更高效地奋斗。下面，我们会再次理清如何实现职业奋斗中的各关键环节。下一章，说白了，是我希望 15 年前有人能够教给我的高效方法和生活窍门。然而，我却是历尽千辛万苦才学会的，现在分享给你们，希望你们不会再受苦。

第三篇

效率：翻十倍，感觉赞

翻开这本书的时候，你已然是非常忙碌的。而现在，我们增加了你的必做清单：发现人生目标，制订自己的职业蓝图，执行蓝图。这些让人不知所措。但下面几章，你会学会获得无穷的能量、高度的专注、严格地优先排序以及拥有足够的时间实现目标。你可以的。公司的励志标语提醒我，和天后碧昂丝一样，每个人都有 24 小时。

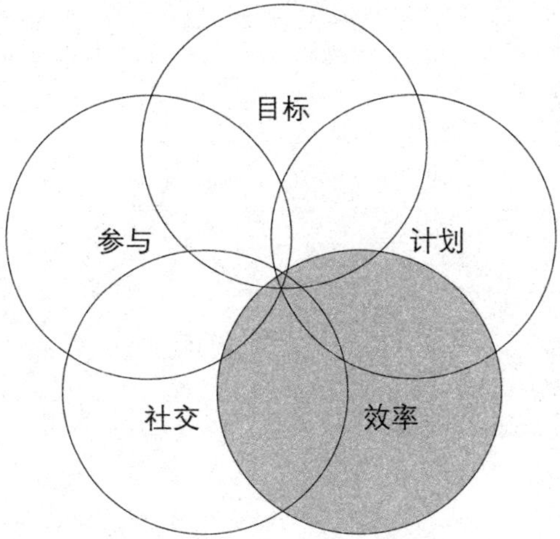

第五章

——→ 效率“大神”的自白

“他做什么事都自有一套。”

——玛格丽特 & 巴尼·库珀史密斯

《扭计大少》（*My Blue Heaven*）

让我猜一下你此刻的感受（也可能是每天的感觉）：

• 很疲惫，睡个好觉对你来说就像买不起的奢侈品。

• 思想无法集中，好像总有别的东西转移你当时的注意力，让你一心二用。

• 心灰意冷，自己似乎总是落后他人，要做的事情从来不会变少。

• 你觉得不知所措，无法管理时间。每一天都被各种命令和会议占据，没完没了，毫无趣味。

• 工作生活失去平衡。为了工作，用在家人、朋友、运动、规律饮食上的时间越来越少。持续的压力让你开始怀疑是否值得做这样的牺牲。

如果你有上述任何一种症状，听我说：今天是个了结了。

我会教你一些方法，让你把这些对你重要的事情处理妥当。你会神清气爽地醒来，经常运动，按时吃饭，让每一天都充满活力，更加专注，实现自己的目标。要做到这一点，你需要用我们一起创造的“好习惯”。了解好习惯对成功生活的重要性，以及好习惯背后的科学规律，是实现自己影响力和幸福感的关键。让我们从我这个门外汉的科学总结开始吧。

挑战

人的大脑很让我们抓狂。它可以解答复杂的数学题，想象另外的世界，看懂《真探》（*True Detective*），用大约6个小时装好给3岁女儿买的微型厨房，却又无法做到自己给自己的简单命令，比如“今晚10点睡觉，开始新的一周”，而再有十几分钟就到12点了，我们还坐在电脑前点开“你绝不会相信某个名人头发是假的”这样的网页链接。

然而，我们不必苛责自己。要怪就怪那100万年的演变，让人类大脑变成互补又冲突的两个系统。心理学家丹尼尔·卡尼曼（Daniel Kahneman）在著作《思考：快与慢》中命名为“系统1”和“系统2”。

系统1的运行是潜意识的，快速且自主，不需要计算，是在已有的模式上做出反应。系统1擅长扫描世界中的信息、威胁、机遇、熟悉的面孔、免费比萨等，然后迅速做出本能反应。你一边打电话一边过马路时，如果有人按喇叭，你不是思考为什么按喇叭，而是直接跳回路边，这就是系统1。这个系统不会为未来做出规划，列出孰先孰后，所以暴饮暴食，追剧，对每封邮件和推送通知都反应激烈，这些都是系统1得到满足的方法。《幸福假设》的作者乔纳森·海特（Jonathan Haidt）把这两个系统比喻成象和骑象人。系统1就是难以驯服的大象。

而系统2，则是骑象人——是你有意识地，慢慢地，不遗余力，有逻辑地对思想的控制。这个系统知道你想做到更多，读《无尽的玩笑》（*Infinite Jest*），经常给妈妈打电话，做个好人，在下一场选举中投票。如果有人问你，“有几个美国总统有胡须？”系统2就开始出现“詹姆斯·加菲尔德（James Garfield）”和“亚伯拉罕·林肯（Abraham Lincoln）[1]”的样子。系统2是机智的、有意识的思想，而系统1则是冲动的野生动物，控制着你大多数的生活。

人的大脑能对身边发生的事情进行加工，做出反应，是进化的好处。一天里发生的大部分事情——客户伸出手跟你寒暄；咖啡师说“一共3.75美元”；你6岁的孩子尖叫：“还我乐高！”；他人打喷嚏，等等，都不需要过多思考，只需要系统1做出反应。如果你还要停下来，慢慢琢磨每一件事，就很难搞得定。

这个构造当然也有缺陷。因为系统2考虑长远，需要计算成本与收益，等等，居于次位。系统2思考新年的决心，得出这一年要减10磅时，系统1却不管这么多。相反，系统1的反应只是：“会上有甜甜圈？太棒了，亲！”行为心理学家凯莉·麦高尼格（Kelly McGonigal）给出了最好的总结，她说系统1是“当下的自己”，而系统2是“未来的自己”。系统1总是先被激活，而系统2则只有在需要的时候或者你主动使用的时候才会现身。

也有研究说，系统2在系统1之后才被激活，系统2需要更多的努力，而使用系统2的能力会枯竭。实验室研究发现，一个人一边要忍住吃曲奇饼干的欲望，一边解数学题，他肯定会放弃答题，这说明他意志力全用来忍住不吃饼干。还有一个研究，心理学家们检查了假释裁决委员会的决定，发现他们倾向于在早上先思考艰难的决定，比如为罪犯担保，因为早上不会出现“决策疲劳”。这个现象，叫作“自

---

[1] 我知道你觉得疑惑，有胡须的总统有如下这些人：约翰·昆西·亚当斯(John Quincy Adams)，马丁·范布伦(Martin Van Buren)，扎卡里·泰勒(Zachary Taylor)，亚伯拉罕·林肯(Abraham Lincoln)，尤利西斯·辛普森·格兰特(Ulysses S. Grant)，拉瑟福德·伯查德·海斯(Rutherford B. Hayes)，詹姆斯·加菲尔德(James Garfield)，切斯特·艾伦·阿瑟(Chester A. Arthur)，格罗弗·克利夫兰(Grover Cleveland)，本杰明·哈里森(Benjamin Harrison)，西奥多·罗斯福(Theodore Roosevelt)，以及大个子威廉·霍华德·塔夫脱(William Howard Taft)。

我损耗”，在科学界颇有争议。但是，显而易见的是，对任何想抵制 9 小时公司场外会议中的糖果的人，或者周五下午 6 点还让我要求增加预算的人而言，我们抵制诱惑的能力会在使用它的时候耗尽。

简单地说，朋友，这就是你的大脑。系统 1 就像是冲动不羁的孩子，操控一切，与你为敌。而系统 2，你最佳利益的守护者，则相对虚弱疲惫。好消息是，一旦你了解了这个构造，你就可以操控它，让它有利于你。系统 1 是可以被打败的。

好习惯的重要性

首先，也是最重要的，打赢这场战役的关键是养成良好的习惯。系统 1 靠的就是习惯，它让习惯整天占据主导，凡事不跟系统 2 商量。杜克大学的研究人员发现，人每天的活动中，有 40% 是习惯使然，而不是自己主动的决定。不用盘算就能把车倒出车库，下午两点无聊就去星巴克，别人质疑你的行动你会抵触，下班回到家就打开电视机——这些都是习惯。我们都是行走的习惯箱。

具体来说，假设有个挑战，你要完成两件事：每天两次花几分钟擦拭银器；每次别人用错“的确”这个词，你就要跟他说“不好意思，这个词不能这样用”。你能坚持几天？一天，两天？相反，如果换成让你每天刷两次牙；在别人说“谢谢”的时候你回答“不客气”，有 99% 的可能你会坚持 50 年。这些任务很相似，但前者却难以做到，而后面却易如反掌。因为后面已经是习惯。小时候养成这些习惯并不容易，需要家长监督你养成口腔卫生的好习惯。一旦养成这些好习惯，就会受益终身。

已成习惯后就不再需要意志力，直接就可以做到。系统 1 钟爱习惯，成功路上我们下决心要做的任何事都不需要煎熬一辈子，而只需要谨慎小心地用好的新习惯替换坏的旧习惯而已。一开始这样做比较费力，所以要制订计划确保自己成功度过习惯形成期。

第一步，检查要改掉的旧习惯。在《习惯的力量》一书中，查尔斯·都希格（Charles Duhigg）如是描述“习惯回路”：触机、惯常行为、奖赏构成习惯。触机触发大脑渴望习惯。记得巴甫洛夫的狗，一听到铃声就开始分泌唾液，以为马上就有食物。而奖赏是大脑得到的愉悦感，比如吃完一袋酸味软糖后分泌大量内啡肽。要改掉坏习惯，必须检查坏习惯得以存活的触机和奖赏。

我总是喝很多咖啡。当然，咖啡因会上瘾，但是拜托，这又不是毒瘾，而且我睡眠很好。每天上午十点半，我就必须喝咖啡，否则没法继续开会。触机一般不是我累了而需要咖啡因提神。多数时候，走到咖啡机跟前，让血液顺畅，足以让我恢复精力。我渴望的是另外的东西。仔细想想，十点半的时候，要么还得在办公室继续工作九十分钟，要么是一天的会议只刚刚结束了第一个九十分钟，这个时候大脑需要休息。我需要的不是咖啡因，而是盯了很久电脑或者检查完又一个预算之后的放松。这个习惯的触机是办公室第一波的工作耗费不少精力，而奖赏则是休息之后满血复活。

根据科学，旧习惯无法真正抹灭。换言之，任何戒掉香烟的人，如果问他今天是世界末日的话他想做什么？他会告诉你“抽一根烟”。但是，我们可以用新习惯替换旧习惯。要减少咖啡因摄入量（我不会真这么做的，准确地说——咖啡是个好东西），我会培养一个新习惯，比如喝绿茶，脱因咖啡，或者出门溜达。触机一样：一堆工作；但是惯常行为不同：茶；依然达到相同的奖赏：大脑得以放松片刻。一两个礼拜以后，系统 1 就不会再为咖啡，而是为新形成的习惯疯狂。

这就是计划。大脑有两个系统，像个冲动不羁的孩子一样的系统 1 掌控一切，跟它对抗会耗尽自己的意志力，能战胜它的时候绝对不会很长。但是系统 1 深爱着习惯，如果养成良好习惯，代替坏习惯，你就会和系统 1 团结起来，让好习惯成为你的生活。

要养成新习惯，可能要经历很长的一段时间。过去十年来，我每一年都制订一个新年计划，想多多锻炼。每年夏天，我发现自己都在奇怪为什么泳衣又变小了。我不是没有意志力的人，但是，多数时候，健身闹钟响了，我挣扎着，安慰自己说等到晚上一定去运动……晚上又总会被工作或生活上的事情打断，我就推到第二天早上，而到时候又挣扎，没起来。如此重复。每天早上，我都想用意志力让自己起床，而那时系统 1 一定会控制一切。除了一贯的目标落空带给我的自我厌恶，我没有其他可以依赖的习惯。不过，多亏了这些有关习惯的研究，我找到了有效的新方法。

首先，我判断了一下自己失败的根本原因：很简单，我又累又不愿意起床。第一步，我开始尽可能早睡，确保睡眠（第六章会具体讨论这为什么重要）。我设定了一个晚间的闹钟，闹钟一响，就放下所有事情，强迫自己去睡觉。睡觉的时候穿着运动衣，在意识中强调一下第二天早上的日常运动，这样做是为了坚定承诺。早上，该起床的时候，闹钟不在床边，而是在房间门口的运动鞋里。闹钟一响，我再也不能躺在舒适的被窝询问系统 1“你说，要不要去运动？”而是站起来，身上还穿着运动服，到门口关掉闹钟，离出门运动只有一步之遥。

一旦跨过起床这个坎儿，养成新习惯的下一个重点就是：无论怎样都去运动。如果很累或准备不足，我依然会去运动，只是做一些低强度的运动，比如骑车、伸展，但能保证习惯养成。几周之后，运动就成了习惯，而不再是需要意志力的煎熬之事。健身不再是决心，而是跟洗澡和穿裤子一样，是日常生活很自然的一部分。后来我又用一样的方法练习个人效率、每天读书、健康饮食、表达感谢、不看电视、限制社交媒体、应对工作中的高强度突发事件，等等。只需要一些计划，对自己要一些花招。

在好习惯铺筑的道路上，职业蓝图会一路通畅。好习惯是你实现一切的基石。想一下自己一直想养成，曾下定决心，却以失败告终的两三个习惯，比如，时间管理，健康饮食，每周给父母打电话，花时间用于职业发展，学弹尤克里里。牢牢地记住这些，然后再看一下下面这些帮你控制生活、形成更好的永久习惯的步骤。

1. 设立“如果——那么”公式

像“尽力吃健康点”“多运动”“说话更凝练些”这些说法，我们是无法恪守的。这些需要系统 2 不停运作，耗尽意志力，让系统 1 接管。系统 2 会一直挣扎去判断“我现在说话是不是更凝练些？”而系统 1 则飞快地说出：“比如”“我呢”“比如”“天啊”“呃”“比如”“他的确是”“比如”“什么？”所以，你需要培养清爽明确可衡量的“如果——那么”规则作为习惯。不要说“吃健康点”，试试“如果想吃甜的，那么吃苹果”。如果：吃甜的，那么：吃苹果。这就很清晰明显，可以做得到。就这样做，直到成为习惯。你可能无法彻底改掉一直支配你的习惯，但是你在这个习惯上建成了一个新习惯，显著地改善了你的饮食和健康。同样地，不用“说话更凝练”，试试“不说‘比如’这样的词”。如果：就要说出“比如”，那么：不要说“比如”。不说“跟朋友度过更多美好时光”，而是“和朋友在一起的时候，关掉手机”。如果：和朋友一起，那么：关掉手机。或者，如果：闹钟响了，那么：去运动；如果：晚上十点了，那么：上床看会儿书；如果：新认识一个人，那么：热情微笑，握握手，自我介绍一下。只需要几个礼拜，你就能取得胜利，养成新的习惯。一旦你做好了，可以把更多获得成功所需要的相关习惯组合在一起。

2. 培养重要的习惯

刚开始，培养新习惯需要努力。通常，你要每天用宝贵的几分钟来培养受益余生的习惯。你想改变什么，为什么想变？还有什么比“你”更重要的原因吗？很多人说 “我想健身”，但是除了想要更好看之外，他们没有明确的动机。这可能无法让你经受住培养习惯的磨练。

几年前，我后背严重受伤，甚至无法跟儿子打闹玩耍，这让我两个月都无法陪孩子玩。通过物理疗法，我发现，只要坚持运动，后背就觉得超级舒服，所以我开始培养每天运动的习惯。而且，如果两天没去健身，我的后背就又变得僵硬。对我而言，“成为好爸爸”比“减掉几磅”更能激发我健身的积极性。

再回过头看自己在第三章写的悼词，想想这一年哪些习惯可以帮你实现目标？如果想成为导师，你就应该下定决心在这一年“读 10 本有关指导和领导力的图书，指导一个人，帮他或她抵达职业生涯的下一阶段”。比起“读更多商业类书籍”，这更激励人心。如果不断提醒自己培养新习惯的目的，那么下一回，系统 1 会更愿意读《美国周刊》（*US Weekly*），你就会获得更多的撑下去的动力。

3. 吞掉鲸鱼只有一个方法：一次一口

意志力是能被耗尽的，所以你不能一次做所有的事情。想睡好觉，想健身，想多读书，想吃得健康，想学国际象棋，想减掉十五磅？如果想一次性做完所有，积攒的意志力就会耗光。选一个开始：“晚上 10 点睡，早上 6 点起，起来想去健身，很好；要是不想去，没关系，下次再去”。几周下来，这个作息时间就是你的新习惯，不再需要意志力。早上 6 点的时候，你精神饱满，准备开始吞鲸鱼的第二口：锻炼身体。养成运动的习惯后，就会不由自主想吃得健康，你就会让身体摄入健康的食物。一次做完所有让人不知所措，一次培养一个习惯不仅容易做到，而且这个习惯会对下一个有帮助。

4. 和同伴聚集起来

同辈的压力是非常厉害的动力。几年前，在进行第二件难事——为自己着想期间，我有一次从宾夕法尼亚一个小镇的高桥上跳了下来，因为我的朋友做到了。同辈压力可谓是人性的弱点，我们可以加以利用，让别人参与到自己决心做的事情中。决定培养每晚睡觉前读书半小时的习惯，需要更多动力来坚持，不如跟朋友一起组成一个读书会。

现在，朋友们都指望你。你会让自己失望，但不会让他们失望。

互相比赛也很好玩。每年 1 月，一起从高桥上跳下来的朋友会进行一个运动挑战。我们一起写下自己的进步：“今天跑了 5 英里”。然后看谁赢谁输。我们跟赢了的人竞争，嘲笑挖苦输了的人。很好玩，也很有用——第一年，60 天，6 个人，一共减掉了 50 磅，有两个人创造了自己最长的跑步记录。知道朋友会在比赛中打败你，而且这一年都会提这件事，你试试不起床去运动？

还有一个方法是找个伴一起下决心。我和孩子会一起写下自己的决心（他们也有一些挺难的事，比如“不再不洗澡”）。他们知道我要参加赛跑，非常兴奋地跑来看。我知道如果我做到了，他们就会相信自己也能做到自己下定决心要做的事，而如果我做不到，他们就会觉得做不到也没关系。我可能会为自己而跑，但我绝对会为他们而跑。

5. 贿赂、抵抗、欺骗系统 1

要记得系统 1 不是深思熟虑的系统，而是冲动鲁莽的系统，你会找到控制冲动的方法。假设你在会议中，会场有曲奇，如果只是盯着曲奇，意志力会立马消失。所以，我会骗我自己，在脑海中告诉自己：“有人打喷嚏打到上面了。”（我之所以这么想，是因为以前看到 Au Bon Pain 烘焙店的一个员工在拿烘焙食品前打了个喷嚏到她手上。）我只是让这个记忆发挥作用而已。我告诉自己，她没洗手就碰了曲奇，上面全是喷嚏，这些曲奇可能含有诺罗病菌。然后，曲奇对系统 1 和系统 2 都不再有吸引力。这就是疯狂的小把戏。你也会想到对你行之有效的方法。

也可以采用柔道策略：觉得系统 1 诱导你现在去吃曲奇，乖乖忍受一会儿，然后反击：“我只要等几个小时，到了下午就能吃，但不是现在。”研究表明，跟自己说一会儿再吃更容易抵住诱惑。这似乎是双赢，既可以坚定决心，又能保留自己的欲望。通常，欲望会消散，而之后也不用欺骗自己。

逃避也是一个很好用的技巧。想避开吃蛋糕的诱惑，那就不要从放有蛋糕的会议室经过。想少喝酒，就去看电影，不要去酒吧。想少看电视，拔掉电缆，或者退出网飞（Netflix）账号，你只需要经历一小点烦人的过程。跟放在眼前的桌上相比，把糖果放在不显眼或者够不到的地方，有60%的可能你不想吃；把糖果扔在洗手间，你100%不会吃。记住，跟系统1对抗不容易，所以如果你先转移诱惑，就更有可能成功。

同样地，想健康饮食，就先列出计划。每次饿了就吃垃圾食品或挨饿，你就会陷入麻烦，因为你又忙又饿又着急，而身边唯一的食物来源就是贩卖机，里面通常会有些杏仁，但是偏偏当时没有，所以你就会选择不健康的威利·旺卡巧克力。你说吃苹果，但是现在却吃着特趣巧克力。相反，在周一早上，你精神饱满、充满意志力，停车去买苹果、杏仁、火鸡肉干，在冬天的时候，或者公司外出会议时备用。这样，饿了就不用再去贩卖机那里。

6. “能被测量的，才能被管理”

系统1是个卑鄙的混蛋。常会说：“听着，我们就破这一次例，明天就会更好。你可以既享用了糖果，还可以继续信守承诺！”或者会说：“听着，这次是特殊情况，你又不会每晚都去高档餐厅，不是吗？明天再继续工作！”系统1煽动我们相信有决心没问题，但这个“特殊时刻”是个例外。应对这个弱点的方法是：记下自己的进步。大量心理研究证明，受试者写下日常表现后，就不太容易受系统1的骗局影响。记得自己在学校的时候，我们会专注每次作业和考试，那时不是因为自己想学好知识，而是因为作业和考试会计入最终成绩。

我使用“健康顾问”（Daily Tracker）这个程序，每晚睡觉前，会花上15秒录入今天的记录。每个周末，看着程序图表上的决心，看自己哪里做得好哪里做得不好。因为我知道每次跟系统 1 投降，之后就必须面对自己的失望，我很少向“就这一次”屈服。

7. 用乐观的情绪支撑自己

众所周知，人类不善于估算长远利益，只重视眼前利益。这也是有研究的：给你两个选择，现在拿 50 美元，跟一年后拿 75 美元。正确的选择应该是选择收益 75 美元，但多数人选择立马到手的 50 美元。可是在一个研究中，一开始受试者被要求表达谢意，他们更倾向于做出长远的选择。感恩之心和抵制眼前利益之间有些许关系。研究表明，培养每日表达谢意的习惯，列出你所感激的事情，给某人发邮件表达谢意，能让你更快乐，更高效。研究人员就个人自豪感进行了相同的实验。心理学家证实，人们因为成功得到祝贺时，他们会更努力（重复戴尔·卡耐基在《如何赢得友谊与影响他人》中永不过时的建议：“给他人以好名声，使其与之相配”）。

所以，考虑定期表达谢意，增强情绪优势（这是应该列在清单最上面的好习惯），或者，面对让你动摇决心的诱惑时，提醒自己生命中已经拥有的东西，提醒自己是多么幸运。给自己一个相配的大好名声，不要把自己想成是“努力少看电视”的人，而是“每晚读书的智者”。

记住，你是人，你会遇到挫折。旧习复萌的时候，不要恨自己，给自己一些下次做好的正能量。正如诗人赖内·马利亚·里尔克（Rainer Maria Rilke）所说：“人生的目的就是被越来越伟大的事情打败。”

第六章

不再疲惫

成功挣不来，只能租。每天都可能到期。

——罗里·瓦登《走楼梯》(*Take the Stairs*)

这句话因全国橄榄球联盟中后卫球员贾斯汀·詹姆斯·瓦特而走红

在旅程的这个阶段，你会意识到你想度过什么样的人生，也意识到培养成功所需的正确习惯的科学有效的方法。执行职业蓝图需要你身体和精神都充满活力，应对每一天的挑战，不断学习，保持自我认识，对他人友善有耐心，做困难之事。要尽量保持精力很简单，方法人人皆知，而显然97.2%的美国人都没当回事。如果真的想实现人生目标，就坚持下面的习惯。这些习惯会让你精力充沛、长寿，为前面的战斗做好准备。

这一章，看起来有点不合逻辑，我会鼓励你适应一套健康的习惯，一套看起来似乎跟事业和人生目标毫不相干的健康习惯。但是，这些会增强你的活力和脑力，让你多活10年甚至更多，因此是你接下来要做的唯一重要的事，能增加你拥有高效人生的胜算。

睡眠

跟强烈反对变革的人聊过吗？他们固执地忽略几个世纪的科学研究和无数证据。跟他们聊天带给你的感觉，就是别人告诉我他们每天不需要七八个小时睡眠时我的感受。科学说得很明确、很全面、很可靠：每晚要休息七八个小时才能精力充沛，全力以赴。每次熬夜工作、追剧或者刷新脸书，就是在损耗自己第二天甚至第三天的效率。如果连续两周每天只睡6小时甚至更少，你的思维和体力就跟连续通宵两夜的人一样，几乎等于喝醉了的9岁儿童。要想成功，就必须保证一整晚睡眠，就跟你保证冲澡一样：不是奢侈品，而是开启一天的基本要求。

恢复充足睡眠的力量与荣光，精力满满地开始每一天，方法如下。

1. 设定上床睡觉的闹钟 自然生物钟调节着我们睡觉和苏醒的时间，保证睡眠时间可以让体内生物钟维持在最佳状态。设定晚上睡觉的闹钟，时间定在入睡前45分钟。闹钟响起，立马停止手头一切工作，上床。把闹铃当作命令，晚上不再浪费时间，拖延睡觉。如果每晚按时睡觉，就可以保证充足睡眠，而余生每一天都会感觉很棒。

2. 前一晚订好第二天的计划 睡觉之前，检查一下第二天的行程，这会让你下定决心，第二天更容易起床。一个小窍门就是每晚给设定的闹钟提醒命名，早上起床时就能看到要做的事情：跑6英里；9点在巴西特大街约见客户；穿西装。要是能花两分钟提前准备好第二天要穿的衣服，早上就又少思考一件事。

3. 手机不要放床边 手机不在床边，可以减少躺到床上玩手机的欲望。研究表明，睡觉前使用电子产品会抑制褪黑素（控制昼夜规律的荷尔蒙）分泌，刺激大脑，降低睡眠质量。

4. 睡前阅读 这是让自己静下来放松，学习知识的好机会（基于以上原因，建议阅读纸质书或者电子书，不要用手机或者平板）。一有困意，就闭上眼睛，服从身体要睡觉的原始欲望。

5. 策划一个玛格丽特之夜 无论你人生规划得多么有抱负，也要出去喝杯玛格丽特，放松一下。这没什么，本人也喜欢玛格丽特。但要记住规则，严守规则：第二天早上依然要早起。这个规则可以保证你的睡眠周期同步，强化睡眠习惯，激励更好的生活，因为月上中天时，你知道第二天早上闹钟依旧会响。

6. 补足睡眠 不管是因为喝了玛格丽特，还是其他什么原因，总会有几次缺少睡眠的时候。每一次睡不够七八个小时，都会欠下睡眠债，所以你必须偿还，确保精神和身体的潜能。以为一晚好睡眠就能弥补几天甚至几周的睡眠债，这是一种普遍误解。斯坦福大学睡眠健康专家威廉·迪蒙特（William Dement）博士说：每缺少 1 小时睡眠，就如同在你随身带着的背包里加了一块砖，而每一次睡觉超过七八个小时就像搬走一块砖。丢掉的睡眠必须弥补回来。一边补觉，一边坚持一如既往的早起，奖励自己一个早早入睡的晚上，或者在周末早晨，试试睡眠专家说的“睡到日上三竿”。

准备好拿下早晨

一天中最重要的时间就是上班前的几个小时，效率最高。起床运动、清醒头脑、制订计划、学习、执行。可惜的是，很多人没有抓住早上这些时间，而是想抓住晚上。但是夜晚太黑，处处是让人恐怖的事情：团队项目就要截止，突如其来的社交，筋疲力尽，自我损耗，等等，都让人很难坚持运动，而且工作一天后也很难有效率，这也是为什么许多人晚上在手机上和电视前消磨时间的原因。

但是，早晨完全属于你。这个时候，不会有客户突然约饭局，不会有紧急任务占用你运动的时间；老板不会找你，不会有工作一天的疲惫破坏你先完成最重要的计划；没有好看的电视，也没人给你发短信。对于任何想提升每天效率的人而言，早晨是最宝贵、最重要的时间。可惜很多人将早晨的美好时光用来睡觉。现在你已经拥有了足够的睡眠，也就能按照这几个方法来拿下早晨。

1. 坚持 如果不是喜欢早起的人，可能要花上几个礼拜改变自己的生物钟规律。习惯之后，就坚持下去。自己帮自己，把咖啡壶准备好，起床时就能煮咖啡，如果不喝咖啡，现在开始喝咖啡。

2. 使用智能闹钟 有些设备和软件可以监测身体活动，在睡眠最浅的时候叫醒你。截止到写本书之时，有很多好产品让你起床不痛苦，比如睡眠周期闹钟（Sleep Cycle）、各种智能手表、睡眠追踪器（Hello Sense）。

3. 不要睡回笼觉 按下“小睡”键就重置了你的睡觉习惯，等再醒来，只会让你感觉更糟。所以，再说一遍，把闹钟放得离床远一点，躲开诱惑。

4. 强身健体 你的姿态影响着你的情绪，科学家称之为“具象认知”。2009年，心理学家理查德·佩蒂（Richard Petty）让学生挺胸坐直或者耷拉着头，进行一个小练习，然后让他们自评将来的表现。挺胸坐直的人更积极自信，自信的姿势能促进分泌睾丸素（一种重要的荷尔蒙），还能抑制压力荷尔蒙皮质醇，模仿灵长类首领和人类领导者的荷尔蒙构成（更多资料：2012年艾米·卡迪TED演讲“姿势语言塑造你自己”，值得一看）。坐直，站直，伸展四肢到体侧，伸展上肢过头顶，深呼吸，开始新的一天。你很了不起，准备好开始新的一天。

5. 起床先喝水 床头放一杯水。身体需要水分，而你已经8个小时滴水未进。

6. 表达感谢，再次明确目标 花几分钟想一下自己感激的事情，比如爱人、健康和眼前的机遇。科学表明，善于表达感激之情的人更开心更健康（详见第十三章）。这是开启一天的好方法。用半分钟默念一下这一生或者这一周、这一天要做到的事情，确定今天要做的事情。

现在你已经醒来，充满信心和感激，补充了水分，变得专注。而这些只需要90秒。接下来，就是在多数人还赖床的时候，你拿下了今天。

汗水

我们都知道要运动。实际上，好多人会在新年下定决心锻炼身体，却以失败告终。而对你，这些习惯得雷打不动。以运动开启每一天让你精力充沛，塑造自信心，增强认知和情感功能，切实促进脑细胞再生。与不锻炼相比，锻炼身体可以增加 7 年寿命。每运动 1 小时，就让生命延长 9 小时。如果你的身材很好无法让你找到运动的动力，那 9 倍的时间收益是否可以激励你？如果还没有养成运动的习惯，就从现在开始吧。

1. 晨间运动 根据可穿戴设备生产公司的大数据，早上运动比晚上运动更能持之以恒。朋友，拿下了早晨，就拿下了这一天。

2. 每天运动 心脏病研究组织美国心脏协会建议，每周至少运动 5 次，每次最少 30 分钟，其中 2 次为力量训练。制订计划每天运动，养成持久习惯，几周之后，就不再需要意志力来实施计划。如果开始每周运动 7 天，有一两天因为生活（工作、出行、孩子等）耽搁，就可以确保达到美国心脏协会建议的运动次数。而从日常运动中收获的充沛精力和清晰头脑，能让你度过忙碌的一天。

3. 剧烈运动 运动肯定要吃苦。多数剧烈运动，比如跑步，提举重物，或者高强度间歇性训练，无论是训练中还是训练后，都能增加心血管能力，燃烧更多卡路里。而且，平均来说，与中强度训练相比，高强度更能使人长寿。强度训练可以增强肌肉质量，改善骨密度，激发内啡肽分泌，调节情绪，让你更有精力，更积极地应对每一天的日程、工作安排，战胜人生目标实现过程中遇到的新阻碍。

4. 追踪结果 如第五章所说，记录自己的表现能让你更坚定目标。在日历上标记运动的每一天，每周至少称一次体重，跟以前的数据进行对比（增加的力量、跑步速度及跑步距离等）。一些跑步软件比如 Runkeeper，MyFitnessPal（减肥宝）都是追踪记录的好帮手。

健康饮食

个人雄心如此巨大，必须以正确的方式促进目标实现。第一步就是吃的食物。必须打住午餐时大吃一顿的念头，对有事要做的人而言，食物就是燃料，用对燃料，可以让你能量、耐力、心智功能、寿命等实现最大化。每一杯星冰乐咖啡，每一份意大利面，都会让你从任务上分心。下面有几个简单的规则技巧，让你吃得又好又健康，应对前面的奇幻之旅。

1. 需要多少，吃多少 对于生活健康，所有健康类图书都可以用一句话来代替：摄入的卡路里要少于自己消耗的卡路里。可惜，算出需要吃多少东西，大脑需要运算 20 分钟，这期间，你已经摄入了远超出需求的卡路里。为了确保摄入的饮食符合所需，从而尽可能取得人生各方面的成功，试试用小一点的碗，盛的饭也比平时少。吃到八分饱，感觉不太饱不太满足的时候，停止不吃。极少数情况，如果停吃得太早，20 分钟后依然很饿，可以再吃一点[1]。

2. 用简单的方法吃得健康 下面这些健康饮食法并非秘方不可外传，但是要发扬光大并不容易，尤其是在不健康食品方便不费时的情况下。根据第五章，这里有一些简单的方法让你只吃自己身体和精神所需要的食物。

固定餐食 总是靠意志力拒绝美味的煎鸡排、法式吐司以及一品脱 Ben & Jerry 冰淇淋是很难的。最好的方法就是把这些从每日饮食中彻底删除，换成健康简单的几种。早餐，可以是希腊酸奶、花生酱、苹果；午餐和晚餐，有时间的话自己做，或者在外卖软件中保存几个健康的外卖，每天选一个。成功人士喜欢固定餐食来节省时间，减少决策疲劳，保持健康饮食。

---

[1]2500 年前，孔夫子主张食八分饱，鼓励人们不宜太饱，适可而止。日本冲绳岛的居民吃饭时也会吟诵孔子的箴言，提醒自己适可而止。巧的是，冲绳岛居民也以卡路里摄入低，体重指数（BMI）低，平均寿命高而闻名。

在抽屉里放健康食品 每次都得下决心吃好一些，保持健康饮食的概率就会降低。每周一上班前，买一些水果蔬菜，以备饥饿时享用。抽屉里放上花生酱、杏仁、烤鹰嘴豆、火鸡肉干和其他的健康干果。这样，工作时如果饿了，就可以吃这些东西，而不是公共厨房里剩下的甜甜圈。

提前计划 出门之前，想好自己要吃的东西。孩子的生日宴会上只有炸鸡块、蛋糕。宴会一般从 8 点开始，此时你胃里空空如也，迎接你的除了酒精，就是高达 2000 卡路里的“面包碗”（西餐菜式）。在拉瓜迪亚机场航站楼，只有放了两天的小松饼和糖果，没有什么好吃的。提前准备好健康的零食和餐食，碰到这种情况就不会挨饿。

进行价值判定 毋庸置疑，有许多人吃了曲奇，也一样取得成功。你当然可以款待自己。这一章，目的就是让你权衡是要一时的愉悦，还是要实现长远目标所需的精力。当然可以偶尔暴饮暴食一次，吃一个冰淇淋三明治。但是要坚守自己健康的生活习惯和明智的每日惯例，让例外永远是例外，你吃的食物只是为自己的雄心壮志添加燃料。

睡觉，运动，健康饮食，能保证你精力满满拿下每一天，生命更长寿 下一步，就是剔除生命中占用时间却对实现目标无益的事情，翻 10 倍实现目标，感觉更赞。下一章，我会让你每天多出 5 个小时，为取得成功和获得幸福投资。

第七章

⟶ 每天多出 5 小时

永远别把动作和行动混为一谈。

——欧内斯特 · 海明威

时间已经不多了。从早上起床到晚上睡觉，你要做的事情远远超出自己能做到的。开会、工作、杂事、消遣，都悄无声息地进入你的生活，它们故作无辜地占据着日程表，又像野草一样蔓延，占满宝贵时间，偷走光阴。一天要幻想多少次："要是再多几个小时……"这一章，如果你改变思路，改变方法，我就能让你此后的人生每天多出 5 小时。

想象一下，你现在处境很不妙，食物也快吃完了（我想的是，马特 · 达蒙和我困在了火星上，两个最不可能合作的人一起努力在星际灾难中求生。你要想象自己的场景）。你准备想吃的时候就吃吗？不，你绝对一口也不会浪费，而是当作世上最珍贵的东西，毕竟一旦吃光，必死无疑。

这就是你的生命。只是你没有跟我的好兄弟马特 · 达蒙在太空，而是在地球上，在家里。你也没有快要耗尽食物，但是消耗的是更稀有的资源：时间。耗尽生命所有的时间，生命也就终止了。

如果和多数人一样，不珍惜时间，觉得时间充足，就像每一天都用不尽，那每周参加一两个会议，一年就会用掉 50 个小时，一个工作周就没有了！看一部评价不错的新电视剧，100 个小时也就蒸发不见了。要成功实现人生计划，就要充分利用每一个小时。应该这么做：

日程归零

零基预算是一种流行的资源配置管理模式，指的是所有业务、所有部门都从零开始，然后把满足公司必要收益所需的投资加进来。团队用这种方法避免增量思考，从沉淀成本的认知偏差中解放出来，把对公司无关紧要的业务配置到新业务以及更有收益潜能的业务中。采用这种方法的公司，在收入增长和利润增长上都优于同行公司。我们也用这种方法，清零自己的时间分配，只把有限的时间和精力用在对影响力和个人成功最重要的事情上。

清零日程，先从几个基本需求开始：睡够 8 小时；吃饭、洗澡、个人卫生、穿衣打扮等必做事宜，加起来每天要花费 2 小时；运动，这 1 个小时不容删减。假设职业规划涉及传统的工作，你也在努力表现优异，可能一周要工作 60 小时，或每天平均工作 8 小时（不包括午餐时间。这里，我们设定每天都一样，就算你更希望周一比周六多几个工作小时），还剩 5 个小时。每天这珍贵的 5 个小时，就可能改变生活。

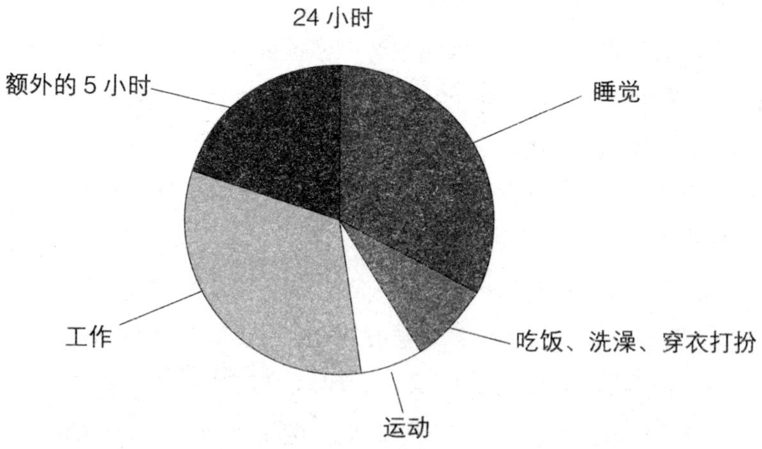

“等等，”你会说，“这几个小时也被预定了。我有一堆事要做。”完全没错，每天都有可自由支配的 5 个小时，不过既然已经设定了自己的人生目标和职业蓝图，就应该清零这 5 小时，好好利用，创造最大的影响力和幸福。

做饭、洗衣、做志愿服务、陪伴家人，都要占用这宝贵的 5 小时。还有社交软件、成人足球联赛、一集不落的《单身汉》真人秀以及玩手机游戏《神庙逃亡》的急切欲望。通过下面几步，确保在有限时间里创造最好的生活。

1. 充分利用固定时间 前一章说过要运动到大汗淋漓心跳加速，让运动的这半小时或 1 小时，创造最大的健康效果。同样地，投入工作的时间，也应该让专注力最大化，回报最多。消磨一天的工作时间很简单，做些简单容易的工作，无意义的活动，比如参加一个可有可无的会，回复所有的邮件，看完所有人发来的推文，等等。看起来忙忙碌碌，做一些跟实现目标不相干的事，只会浪费宝贵的资源：时间。日程之所以排得很满，是害怕错过报告会议或发布的业务简讯，而不是把时间用在做好工作，发展人际关系，管理利益关系人，稳固资源，为自己的职业发展投资。浏览日程表，扪心自问每一项安排："这件事是不是对我实现团队目标和自我目标至关重要？"如果不是，删掉。

2. 找个日程帮手 你有没有问过别人在忙什么，当他们跟你讲述自己那一天忙的事有多重要时，你却觉得无关紧要？你猜怎么着，你跟别人讲自己忙的事多重要时，别人也觉得无关紧要。很多事情总是看起来很紧要，实际上并不一定。要确保固定的那几小时都不浪费，最好的一个方法就是找个朋友，一个了解你目标的朋友，让他来复查你的日程表。没有什么比直接听取自己时间安排的反馈更赞的了，"为什么每周都要跟艾登见面？多浪费时间。""为什么要参加跨职能营销会议？又没什么用。""为什么要参加 2 小时的人事福利研讨会？保证你的 401（K）养老金最多就行，回来工作。"工作上的好伙伴可以让你审查每天的日程安排，起码再腾出 1 小时。

3. 外包 你的人生计划很宏大，你最珍贵的资源是时间。只要可以，就给自己争取最多时间。举个例子，你可以花 12 小时自己报税，也能雇一个专员帮你搞定；你可以用 2 小时来做饭、洗衣、购物，也可以在网上买食品杂货一日三餐；你可以自己写节日贺卡，也可以购买服务[1]。我不太推荐这样做，毕竟对多数美国人而言，钱都不多。我也知道，要追求事业发展，实现人生目标，时间非常重要，应该有所牺牲。个人而言，早些年，我住在 500 平方英尺（46 平方米）的公寓，开一辆已经 50 年的老车，用衣架当收音机天线，我一日三餐都是买的，时间要比人们用钱买得到的琐事珍贵多了。

4. 减少分心 一个朋友最近跟我说，他没有时间运动、约见朋友、读书，或为事业投资。我让他打开手机的电池设置功能，上面精确显示了上礼拜用在各软件上的时间：Youtube 视频 6.1 小时，脸书（Facebook）4.1 小时，照片墙 Instagram2.6 小时，娱乐体育节目电视网（EPSN）2.9 小时……“重磅消息！”我跟他说，“你比你想的有时间多了。”对大多数人而言，也是如此。

在每天投资的这宝贵 5 小时中，美国人一般全用来看电视，玩手机消遣。人人都想有更多职业成就，更多专业知识，更亲近的朋友，更有活力的习惯，给他人更积极的影响，却把本可以用来实现这些事情的时间都扔到了盲目点击网页，沉溺追剧的深渊。想想所有死之前都未必能读完的好书，想想你在乎却很久没有聊过天的朋友，想想学会做蛋奶酥或是弹钢琴该有多酷，想想职业蓝图中等待着你的无限机遇，一个都没有发生。

更可怕的是，虚度这 5 小时的光阴，不仅浪费了你生命中最宝贵的时光，更缩短了宝贵的生命。科学家估算，25 岁之后每看电视 1

---

[1] 写这本书的时候，有很多公司提供价位合理的服务，比如 handy.com 配送，Grubhub 餐饮配送，FreshDirect 生鲜直达，Postmates 快递配送，TaskRabbit 跑腿兔。我相信，在你读到这本书的时候，其中的一个甚至多个都已经破产了，我同样相信已经有人开发了手机应用来提供这些服务，因为没人喜欢自己做这些事情。

小时，寿命减少 21.8 分钟。

所以，拔掉网线，注销网络电视账号，从手机上删除 Instagram。这些都不是积极的时间投资，而是不良习惯，是可以改掉的不良习惯。在你临终之时，你绝不会回忆自己用在浏览名人绯闻的时间，所以删掉它们，找一个更好的方法投资时间。

现在，你每天都多出 5 小时。删除所有无关成功和幸福的日程，把不需要你用心关注的事情外包出去，删除个人生活中浪费时间的事情，这样每天就能腾出几小时高效有意义的时间。下一步，就是根据事情真正的轻重缓急安排这 5 个小时。

积极安排整个日程

再看一下自己的影响力导图、幸福矩阵、悼词、职业蓝图。仔细思考一下，生命中真正重要和值得的事情是什么，重新安排日程，突出要事。

投资时间

想跟家人朋友度过几个小时？哪几个小时？今年想读几本书[1]？是不是还想养只狗，每天要遛半个小时？想学外语吗？这些不是可以孤立决定的，要对时间这一稀缺资源进行配置。每个都是一种交易，占用你做其他事情的时间。分配得好，就可以用这些时间执行自己的职业蓝图，强化个人关系网，培养技能，过自己梦想的生活。没有计划，时间配置就会很被动，后知后觉；没有计划，就很难忽略一些强烈吸引你的诱惑，比如手机、电视、网络上的点击诱饵以及冰箱里的威士忌。你屈服于此，然后发现时间已然浪费。我发现，根据当前要务对多出的 5 小时进行配置，价值无限。写下所有要做的事宜，分配所需

---

[1] 专业意见：平均来说，每本书的页码差不多是一样的，就像每年的天数一样，所以要读 20 本书，你每天只需要读 20 页左右。

时间，根据重要性排序。遇到需要履行私人或职业责任的时候，比如孩子生病、学校活动、董事会议、额外旅行，就可以牺牲下面最次要的事，保留上面最重要的事。为了说得更清楚，我示范一下自己如何分配上一周每天的 5 小时。

优先度	示例	每天所需时间
陪孩子	画画、运动、读书、做作业、户外探险、城市文化	120 分钟
陪爱人、朋友	约会之夜、聚餐、发短信	45 分钟
写作	本书、博客发文、头脑风暴	60 分钟
公益活动	帮忙管理某文化教育非营利组织和大学奖学金，为其募资	15 分钟
读书、个人提升	小说或纪实	30 分钟
社交	帮助他人	15 分钟
休闲	吉他、国际象棋、新闻	15 分钟

从我的时间分配可以清楚地看出，我觉得看一场 9 局的棒球比赛，或者玩 Xbox 游戏，不足以排在其他要事之上。当然，晚上玩 3 个小时的网游《使命召唤》也很有意思，可生活是一种选择，选择充实有激情、富有影响力的活动，让我更快乐，效率更高。我希望你也是这样。明天，你准备怎样度过这 5 个小时？

把日程表当作操作系统

为强化这 5 小时要积极做的事，我们采用一个超简单的方法：日程表。如果老板让你明天下午 4 点参加会议，你会准时参加吗？当然会！如果要开车带爱人去看医生，你会如约接她吗？肯定会！因为这些对你很重要，所以写在日程表中，予以重视。除了工作，你也可以用在生活中其他要事上：睡觉、运动、阅读、绘制职业蓝图。

到现在，我已经恳请你把一切无关紧要的事情从日程表上删除，把时间用在至关重要的事情上。为保证你充分重视这些事情，就像重视出庭一样，把这些事写在日程上，积极地遵守日程，不只是工作时间，而是一天 24 小时。这会改变你的生活。

首先，打开日程表，填写要做的日常固定事项：睡觉、食物、个人清洁、运动、家庭、旅行[1]等。然后，把具体工作一件件安排进去，先是会议，再是工作需要投入的时间，比如，完成本职工作，调查竞争者或最佳方案，思考，头脑风暴。最后，根据之前做的投资时间的练习，安排多出的 5 小时[2]。为真正重要的事情留出时间。

举个例子，做不到坚持按时睡觉？到了晚上 9:45，日程表提醒你该关掉电脑，停下你所做的事情，准备去睡觉。做不到保持专注，按时完成工作？预留一段时间，专注工作一气呵成让你效率更高。总是找不到时间给父母打电话？如果日程表上写周一晚上 7 点打电话，那你就要在周一晚上 7 点打电话。实现你这一生的雄心壮志的时间是有的，你只是需要方法。开始一两周可能很尴尬、很困难，后面就会成为习惯，让你取得人生的空前成功。

日程安排自然而然

“等等！”现在，被吓到的系统 1 在嘶喊：“什么？！我们一点儿休闲也不能有？难道要像机器人一样活着吗？”当然不是。明确时间投资的计划是为了让你从中获得最大的收获和快乐。每次碰到新

[1] 如果不好意思让同事看到你日程上写要睡 8 个小时，你可以在日程软件上设定为“私密”。很多日程软件有类似的支持私密的功能。

[2] 有些时候，比如周末，你多出的不止是 5 小时；而有些很忙的工作日，你多出的可能不足 5 小时，但一周平均下来，每天大概是 5 小时。

事情时，只需要依据轻重缓急予以评估，再决定要花多少时间。这个方法的一个特点就是自然而然。如果原计划今晚根据职业蓝图做些什么，结果几个同事约你出去喝两杯，你只需要根据自己的目标，问问自己多出的5小时用来做哪件事更好。如果小酌一杯并非要事，你就可以拒绝不去。反过来，如果是有朋自远方来，爱人需要你或得到了期待已久的泰勒·斯威夫特演出门票，你完全可以将其排在其他事情之上。重点在于，根据轻重缓急权衡，斟酌出结论。

每天5个小时完全由你安排，去实现自己期待的成果。一年下来，就是1825个小时，比法国人平均每年工作时长还要多；50年下来，就是91250个小时，根据一万小时定律[1]，足以成为9个不同行业领域的一流专家了。可惜很多人都让这些时间溜走，从来没有加以利用，实现所有的价值。你可以改正这一点，归零日程，根据生活中的轻重缓急和职业蓝图，慎重地安排时间，明智地利用时间。

这是你的5小时，现在你还说没有时间吗？

接下来，我们要让每个小时都事半功倍。

---

[1] 我知道你觉得疑惑，有胡须的总统有如下这些人：约翰·昆西·亚当斯(John Quincy Adams)，马丁·范布伦(Martin Van Buren)，扎卡里·泰勒(Zachary Taylor)，亚伯拉罕·林肯(Abraham Lincoln)，尤利西斯·辛普森·格兰特(Ulysses S. Grant)，拉瑟福德·伯查德·海斯(Rutherford B. Hayes)，詹姆斯·加菲尔德(James Garfield)，切斯特·艾伦·阿瑟(Chester A. Arthur)，格罗弗·克利夫兰(Grover Cleveland)，本杰明·哈里森(Benjamin Harrison)，西奥多·罗斯福(Theodore Roosevelt)，以及大个子威廉·霍华德·塔夫脱(William Howard Taft)。

第八章

搞定事情

效率是把事情做对，效果就是做对的事情。

——彼得·德鲁克

每天，我们都在跟现代的勒尔纳九头蛇海德拉作斗争。九头蛇海德拉是希腊神话里的一个怪兽，传说它有九颗头，斩断一颗，立刻又会生出两颗。从我们上中学开始，它就在不停壮大，变换模样，一次次打败我们。

这个该死的怪物就是“任务清单”。

大多数工作都不是我们想做的，而是“任务清单”决定的。这个清单取决于老板、同事、家人、邻居，还有自己。清单涵盖方方面面，从周一要截止的工作项目，到阅读职业蓝图上列出的图书，再到缴税要填的1099报税表。任务清单不断壮大，从我们的脑中源源不断地涌出：不要忘了给艾登回电……还有数据要跟老板报告，但现在还没人拿给我……要记得更新领英网……我真得戒掉甜食了……我该剪刘海了……下周日是母亲节了吧？得给妈妈买礼物……今晚必须要做那个PPT了，早就该做了……那件衬衫得退掉，穿着看起来像怀孕了一样……是时候取出租房保证金了……

每天，我们的雄心壮志都呼唤我们回到这毫无希望的战场上，跟怪兽战斗。

现在，我们要用一种新手段，驯化这个怪兽，配上鞍，骑着它去诸神所在的奥林匹斯山。要建立一套新的程序，根据每项任务的目标、作用、速度和时机，对其进行评价说明，排出轻重缓急。生活被各种任务轰炸，所以要建立一个任务归档的无压力体系。我也会给出一些基础方法让你把对的事情做好，我们甚至还会帮你处理好令你头痛的邮件问题。你将消灭你的“任务清单”。

重置

我要跟你说的这些事，你会条件反射一样地拒绝，但我希望你先把疑虑搁置一旁，按我说的来，可以吗？好，开始吧！

你什么都不必做

我没开玩笑。每一个项目，每一场会议，每一封邮件，都不是强制性的。你可以选择做，也可以不做。关键在于，不要把任务清单当成必须遵守的强制指令，而是看作要分析本利的交易。了解成本和收益很重要，这样做某些事时就能决定，什么时候做，以及投入多少精力做。有些事情做了好处多多：节省 15% 的汽车保险费，做成一笔大生意，完成本年最重要的职业目标。有些事不做要付出代价：错过季度财务更新会议上可能感兴趣的信息，没有及时完成董事会交代的项目而被炒鱿鱼。在这件事情上花一分钟，就意味着在另一件事少花一分钟，所以，如何最有效地利用时间，使其发挥最大的积极作用非常重要。接下来，就是把第七章里讨论的“零基础”应用到任务清单上。把自己的精力分配到最能影响人生目标和计划的事情上，让会议变成发挥作用的工作机遇，而不是苦行；让邮件成为工具，连接能助你一臂之力的人，而不是成为永无止境、痛苦不已的任务清单；把所有任务项转变成可行的后续步骤，用生命中的其他任务来进行评价，只留下最重要的事情。具体做法如下：

确定 GIST：目标（Goals）、作用（Impact）、速度（Speed）、时机（Timing）

进化让大脑指挥我们从狗熊的袭击中存活下来，却没教会我们如何应对现代人生存这一复杂的难题。对大脑的系统1而言，每一个新任务都像是遇到一只狗熊，情况紧急，产生压力，需要我们立即注意，使出最大能力。这一节，将教会你在适当的情况下采取适当的行动，并根据行动预期达成的目标，对目标的作用、实现目标需要的速度和时机，对各个行动进行优先排序。我把这个方法缩写成GIST，方便记忆，我也会在《早安美国》（*Good Morning America*）上谈这个方法。

目标（Goals）

越是经常评估自己的目标，根据轻重缓急进行排序，就越是能够有效地选择实现目标该做的事情。从你的人生大目标（职业蓝图）开始，先切分成这一年要完成的若干个目标，再继续分成这一周的目标，最后是今天要完成的目标。

毕生目标 定期花点时间审视自己的影响力导图、幸福矩阵、职业蓝图，评估自己朝目标奋斗的进程，持续不断地多评估几次，这些可是会出现在你悼词中的重大事件。牢记自己的志向，以此设立自己每年、每周乃至每天的目标。

年度目标 根据毕生目标，在每年年末，写下未来12个月要完成的各种计划，生活的、事业的，预期效果要具体且可测量。根据职业团队的目标，确定自己的工作目标；根据职业蓝图，确定具有里程碑意义的大事件。举例而言，如果你的人生目标是管理一家成功的非营利组织，而职业蓝图上显示你要学会如何成为称职的慈善执行理事，那么年度计划中的一项任务就是要会见6个非营利组织的管理者，学习他们如何取得成功，提升发展规划。写下这一年的目标，付诸行动。

每周目标 每周日晚上或周一早上，复查一下你的日程和任务清单，根据年度目标重新调整。让每场会议、每项任务都与你本年目标相吻合，每一周最少要完成年度计划的2%。许多高效团队中，每个人都会记录本周首要目标任务剩下的工作清单，在周一早上用邮件发送给其他人。明确本周工作可以确保所有人都专注在共同的团队目标上，为彼此成功完成任务而奋斗。

今日目标：三大点 本杰明·富兰克林的日程本最上面印着“今天我能做什么善事？”最下面是“今天我做了什么善事？” 我赞成用这种方法来安排自己的一天。你已经知道自己这一生的目标，这一年的目标，这一周的目标，问问自己：“要实现那些目标，我今天要做哪两件或者三件事？”写下来，优先于今天其他任何事情去完成。

用结果和行动来安排自己的目标和任务清单（“通过……实现/完成……”结构）。对于实用的目标或任务，要清楚地说出预期效果及实现途径：以“具体的行为”达到“具体的结果”，尽可能把结果量化，这样任务完成度会更清晰。“保持身材”过于含糊，很难执行，但是“以每周有6天按照《30秒健身》进行锻炼，实现跑1英里时间减少15%，每分钟深蹲次数增加15%”则非常明确，有针对性、有动力。同样地，“跟团队成员讨论销售业绩”只会让人们聚在一起闲聊销售，而“为新产品进行头脑风暴，分配任务，设定期限，实现50万美元增量收益的10%”则有助于采取行动。把“通过……做到……”结构应用在你所有的目标和任务上，能够保证付出的努力取得最重要、最成功的结果。清楚明确了所有目标后，GIST的第一步也就完成了，现在你要根据每个任务对自己目标的作用，评估这些侵占你生活的所有任务。

作用（Impact）

清单上的每一件事，似乎都很紧要，但你必须像杀手一样冷眼看待每一项任务，评估其真正作用，才能保证效率。

重要性 可能你要做的事情非常多，大到“通过准备季度业务审核的PPT，完成5万美元预算”，小到“去盖璞（Gap）买一条新裤子”。总体来看，前者更重要，但如果不做后者，演示PPT时你可能就没有裤子穿。很大程度上，能够正确地判断出什么事情作用最大，决定了你是否能够实现自己的目标[1]。对于每一件事，问问自己：

- “如果做完这件事，我会离自己的目标有多近？”
- “如果不做这件事，我会离自己的目标有多远？”

判断每项任务，根据对实现目标的作用，分成“#低，#中，#高”三种程度的重要性（本章稍后会介绍用来记录和分类的工具，也会介绍标#的理由。）此刻，无论是周一要做演示，还是马上要处理下个季度的事宜，不管有多急，暂且不管，先只关心这些事情对你的目标有多重要。

影响力 有些任务是不断赠送的礼物，为你带来循环利润或复利。假设清单上有这样两件事：

- 通过完成佣金数据录入，对比结果，提出改进措施，实现来年销售额增加10%。
- 通过与数据录入外包公司协商，实现团队生产力提升10%。

第一件事需要录入数据，只产生一个结果，而第二件事让你录入了数据，也让你获得了新能力。如果先做第二件事，那么第一件事就用不了多少时间。可知，第二件事更有影响力。一个任务具有较大影响力，且与目标相一致，它的作用也就比较“#高”。下面这几件事，同样具有比较大的影响力。

---

[1] 史蒂芬·柯维在《高效能人士的七个习惯》一书中指出，最重要的一个习惯就是专注于重要事情的能力。很多有抱负的人士都把这本书奉为圣经一样，我也极力推荐这本书。

• **删减** 不管是设置筛选规则减少查看邮件的时间，还是取消不必要的会议，或者清除会让系统 1 造成你偏离目标而分心的事情，删除浪费时间的事情总是有回报的。正如安东尼·德·圣－埃克苏佩里所说："完美不是增加得不能再增加，而是减少得不能再减少"。

• **整理** 打扫公寓时，如果不整理好抽屉和衣柜，这些地方很快就又变成一团糟。如果设计好各个东西应该放的地方，它们就会在应该在的地方，将来再打扫时就不花什么时间。工作上采用这种有效的方式方法，也会得到一样的效果。如果需要做跟某项任务差不多的事情，设计一个方法来推进或者取代这件事情。

• **自动操作** 跟亲自买单相比，把每一笔消费都设定成用信用卡或储蓄卡账户自动划款，这样就不用再亲自买单了。同样地，如果回复邮件时要重复同样的内容，干脆使用预设回复或自动回复（本章会详细讨论邮件）。如果你读到本书已是 2040 年以后，请根据自己的仿人机器人助手的使用手册，实现许多目前耗时工作的自动操作。

• **社交** 建立自己的社交网络，也会带来各种好处，第九章会对此进行探讨。同样，参与迎新、面试、团队培训，都能让整个团队更高效。投资于人同样也有很大的影响力。

• **学习** 学习能提升自己综合效力的技能，不管是硬技能，比如记住谷歌邮箱快捷键，还是软技能，比如学会通过人们脸上的微表情来了解他们的想法，都能在你完成后面几个月要做的任务时，为你增强效果，或是节省时间。

制订明确的目标，了解每个潜在任务对目标的作用，可以确保做对的事情。另外一件要考虑的事情是，你完成某事所花费的时间能产生多大的影响力，即：完成任务的速度。

速度（Speed）

每项任务对目标的作用并不是唯一的考虑因素，完成任务需要多长时间，什么时候有时间去完成它，也都是要考虑的关键因素。

完成时间 在学校接受的教育都是耗时久的任务——写论文、搞项目、备战考试，所以我们倾向于把周期较长的任务当成最重要的工作。有时候这样没错，但更多时候，短时任务同样重要。征求他人意见，穿过大厅去说服某人，主动打电话给脾气古怪的顾客，花几分钟时间体验一下竞争对手的新产品，这些任务都可以很快做完，作用也不容小觑。而且，在完成长期任务的时间里，你可以做完许多这样的短时任务。了解哪个任务可以很快做完，对你组织安排时间非常重要。

时间与任务要匹配 为实现目标，会议与会议之间的 30 分钟这一大块时间非常宝贵，但因为一些原因，比如计划不周，过于乐观等，人们常常想用这 30 分钟去完成任务清单上需要 90 分钟的事情。一开始很慢，然后刚刚进入状态，就又要去开下一场会议。结束后再开始，再调整，刚有一点进展，就又被其他的工作打断。某种程度上来说，这一大块三四十分钟的时间，什么也没做成。

内容切换，是指正做这件事的时候又想到了那件事，这对效率的影响也是极具破坏性的，每次重新拿起之前中断的工作也需要 15 分钟甚至更多时间。为避免这个问题，GIST 给每一项任务分配了相应的时间。如果只有几分钟，就用来完成耗时较少的简单任务，比如从亚马逊上买点除臭剂（我希望你选择凑齐货物后再发货，这也很有用）。如果时间较多，比如晚饭后到睡觉前的几个小时，或者是清晨早起后，就可以用在更需要专注的工作上。每一个任务出现，就要评估一下是短时的“# 快”任务，还是长期的“# 慢”任务，抑或介于两者之间。

时机（Timing）

任务清单上的任务必须在何时何地完成，同样是优化任务排序的重要考虑因素。

截止日期 如果有截止日期，比如老板希望今天下班前完成，尼克·乔纳斯演唱会门票于周五早8点开售，那你要么在截止时间前全部完成，要么完全不做。

时间和地点 有些工作，比如致电客户，就必须在上班时间完成，而另一些工作，比如修理厨房垃圾处理器，就只能在家里完成。

谨记GIST结构法，就可以实现搞定事情的第一步：尽可能高效地管理和组织出现的各种事情。

有条不紊地拿下任务

事情不眠不休地出现，所以要一个方法予以处理，按照轻重缓急排序。平均每个人每天会收到88封邮件，上班时几乎每小时都要查收邮箱，每天使用手机150余次，每个月要参加62场会议（90%的人都要在开会时处理其他事情，或者胡思乱想打发时间）。几乎没有哪5分钟不出现新任务的情况。现在，按照这个既简单又不花钱还好用的方法，来组织你的各种事情。你所需要的只是3个简单的工具。

便签卡 无论是跟老板开会，还是在电梯里和同事偶然地聊天，都会有任务、想法、重要事实和灵感出现，一天都这样。你要快速记录下来，不能在别人跟你讲话时还讨人厌地拿出手机或者电脑（是的，这样真的很讨厌，请别再这么做了）。我每天都会随身携带几张3×5寸的便签卡，用一个很小的长尾夹夹住，夹克衫或者后兜装着一支笔。每次会议的要点，每次要整理完成的任务，都记在卡片上，等有空时处理（如果你想买高档一点的，Levenger.com上面有卖皮质便签夹，还有厚一点的便签卡）。[1]

我强烈推荐便签卡，不推荐笔记本。笔记本太占空间，随身携带不方便，而且要是丢了或者忘带了，几个月记录的重要内容就没了。相反，便签卡刚好能装在夹克口袋、牛仔裤口袋、钱包里。另外，在笔记本上记录，你就像是参加历史研讨会的大学生，而从口袋掏出一个不起眼的便签卡做记录，看着就很酷。

印象笔记（Evernote） Evernote是存储笔记产品的佼佼者，下载量逾1亿次，颇受注重效率人士的喜爱。除了Evernote，还有许多同类产品，比如Google Keep，Microsoft OneNote，Simplenote，Springpad，Basecamp，或者其他本书出版后新研发的产品，都能让你直接在应用软件中进行编辑、保存、浏览、截图、上传，让你方便快速地整理、分类、搜索笔记。甚至还能搜索你手写的字。一天结束后所有便签卡上的内容都可以存在Evernote上。

你可以用这个软件扫描所有记录的笔记，可以单独保存，也可以加到其他的笔记，存在一起。这样，当我需要进行每月产品评述时，我就可以打开Evernote，找到以前所有的相关笔记，用作参考。这个软件还能让我保存白板上画的图、收据、报税文件以及女儿画的所有忍者、消防员等。

奇妙清单（Wunderlist）：微软任务清单（Microsoft To-Do应用） 2011年，德国一个创业团队研发推出了Wunderlist，这是一款独特的记录待做事项的软件程序，收到多个公司好评，用户已达1300万。微软公司后来以1亿美元价格收购了奇妙清单，弃用原来妙趣横生的德国名字，改成了滑稽有趣的微软任务清单（Microsoft To-Do）。从现在起，我们就姑且称之为MTD。

---

[1] 顺便说一句，我没有为书里提到的任何APP应用或者公司、产品做广告，我可没收他们的钱。

我喜欢 MTD，还有很多你可能喜欢的同类产品，比如 Evernote 的清单功能，Remember the Milk，Google Tasks，Astrid，Things，等等（这个方法很重要，所以你一定要找到一个适合你自己的应用程序）[1]。

MTD 能让你获取任务项，管理多个任务清单，新建文件夹根据目标和其他标准整理任务清单，对有时效要求的任务设置提醒，分配任务给他人，使用标签快速搜索查看具有相同特性的任务项。

就是这些，只需要价值几块钱的便签卡、一支笔，还有智能手机上的这两个应用软件，准备开始吧！

使用 GIST 法

下面，就让我们用一堆便签卡记下各种新任务，快速地进行优先排序、整理，方便管理。

1. 在便签卡上简要记录 每次开会的时候，都在便签卡顶端写上会议日期、会议名称、与会人员。草草记下会议上你想记住的重要信息，重点是快速捕捉由此衍生的新任务（速记就行，随后会再整理排序的），前面标注一个未选中的复选框，如下所示：

☐ 回电汤姆：项目截止时间延期

2. 把重要笔记保存在 Evernote 上 便签卡上大多是你等下要参考的内容，记得用 Evernote 扫描存档。可以对各种任务设置主题文件夹（营销、销售、一对一、税收票据等），然后在相应主题下更新设立子文件夹保存每个具体的会议通知。比如说，在“一对一会谈”这个文件夹下，新建“和乔丹会谈”文件夹，然后把和乔丹会谈时的各种便签卡保存下来，以后只要搜索“乔丹”，或者搜索会谈中匆匆记录的任何字词，就可以在文件夹内检索查找相关内容（这个应用软件

[1] 想多挑选一下，截止创作本书时，Appcrawlr.com 是个不错的网站，你可以找到各种应用并进行对比。

能够识别手写文字）。

3. 在 MTD 上录入任务项 每天花一点时间，把便签卡上的任务项转录到 MTD 上。先是添加到主目录“收件箱”里，这是等待区域，在这里任务就像盘旋在跑道上的飞机，等待排序整理。然后使用 GIST 法。

4. 使用 GIST 法 重新编辑任务项，写明自己要达成的目标（通过……实现 / 完成……），同时加上这个任务对你目标的作用影响（# 低，# 中，# 高），要完成任务需要的时间（# 快，# 慢），如果可以，再写上需要的时机（需要在 # 公司，# 家里，# 周末，# 早上等完成）。如下：

• 通过确定销售培训中实行的最佳实践，实现提升 10% 的销售效率。# 高，# 慢。

• 通过给工程部反馈最严重的 5 个漏洞，索要解决方案，实现提升 5% 的软件性能。# 中，# 快。

• 通过把西服拿给裁缝修改来让西服合身。# 快，# 周末。

（在后面完成这些任务项时，标签可以让你简单过滤筛选。）

5. 用 # 标注相关人 许多任务项是与他人有关的，不管是你委托他人，还是等待他人回复，标记一下这个人。试着使用相同的分类法，以后就可以很快查找到与此人有关的所有任务项。在你准备和某人开会时，这一招特别有用，因为你只要在 MTD 上点击他的名字，就能找到所有相关任务项。举个例子，跟莎拉 · 琼斯讨论销售运营前，我可以很快搜到：

• 通过增加客户支持，实现增加 5% 的客户，首先从销售运营处获取客户名单。# 高 # 快 # 莎拉 · 琼斯

• 赢回 10% 的失效客户，与销售运营复查历史客户消费分析，确认最佳目标人选。# 高 # 慢 # 莎拉 · 琼斯

6. 增加有用的细节 如果增加一些细节有助于你处理任务，那就在 MTD 上增加子任务，附加笔记、附件内容等。你也可以设置闹钟提醒，如果有截止时间的话最合适这么做。如果能够给自己的每一个任务设定期限，进行优先排序，你就可以不用修改之前劲头十足时设定的期限。

7. 创建独立清单 我发现，把不同的清单进行归档，然后放在文件夹里方便快速查找，这一招非常有用。等下我做个示范，但是你要根据自己日常的需要和关注点进行整理。

工作：任务清单，专业优先度

• 本周焦点——实现本周目标所要做的任务记录在此

• 委托的——委托他人的任务项记录在此

• 以后——暂时不需要处理但你不想忘记的事情记录在此

私人：与私生活和家庭有关的所有事情

• 活动——如果听说动物园新引进了一头北极熊，你很想去看，就可以记在这一栏下面。安排下周的日程表时，记得查看这个清单。

• 要读的书——记录所有他人推荐给你的精彩图书，准备换书的时候就参考这个清单，选择与你当前想挑战或感兴趣的领域最相关的书籍。

• 礼物——如果你也跟我一样，总是在母亲节过后的那周想到一份很棒的礼物，就在这里写下你的想法，供以后参考。

• 家庭——一些很有魅力的任务，比如修好水槽，买一份帕米桑干酪，记录在这里。

反馈：团队成员和你自己的培训机会

• 团队——记录对团队成员的实时反馈，在日后进行一对一面谈的时候，与之分享，比如“不要在会议上大喊大叫 # 杰瑞”。这样当你跟杰瑞一起坐下来讨论分配给他的任务时，就能看到这些反馈。

• 自己——把自我反思和别人对自己的反馈写在这里，经常查看，确保自己不断改进。

在 MTD 上输入“# 快”，或者“# 莎拉 · 琼斯”，就能找到所有用共同标签的公开任务项，这样你就可以轻松对项目进行准备、分类、排序和执行。接下来，我们要拐个弯，专门讨论一下如何处理通过最难搞的渠道——邮件，出现在你面前的任务。最后，再讨论一下如何更好地对这些任务进行排序，让你这一天能够完成最多的事情。

邮件

此刻，你已经可以在便签卡上记笔记，在 Evernote 上保存，在 MTD 上获取和标注任务项，接下来是你人生的另一个烦恼：一个叫作邮件[1]的数码地狱。美国员工每天要花 6.3 个小时查收工作邮件或私人邮件，这是因为他们没有正确地使用邮件。作为效率工具箱中的关键工具，有效利用邮件很重要。对于邮件的收发管制，谨记以下基本方法和专业建议。

邮件并非工作 打开公司的招聘主页，看一下职位描述，不难发现没有哪个职位要求中有“要不停查看邮件”这样的字眼。邮件不是你的工作，实现个人的和公司的目标才是你的工作，你也不会在邮件上荒废了 1 小时后说：“我的确已经完成了今天的目标。”这是一种分心，一种不可避免的灾祸，需要你驯服控制，让自己的工作效率最大化。

邮件不是任务清单，MTD 才是 如果把邮件当作任务清单，每封邮件都留在收件箱直到完成邮件内容，那就有两个任务清单，无法排

---

1 “但是我们的电脑开机启动的是 Slack！”恭喜，这只是个网络跟踪器，本章 80% 的建议依然有用，剩下的 20%，当你被大公司挖走，让你在电脑上安装 Outlook 时依然有用。

出轻重缓急。每次查收邮件，一遍遍看着下周要搞定的重大任务，会得心脏病的。相反，把邮箱当成要完成的任务，评估每一封邮件对你目标的影响，在 MTD 上归档区分，从收件箱里删除，时机适当时予以处理。

邮件应该分批处理 没有哪个工作要求你 8 小时内回复邮件，所以为什么要每半小时就查一下邮件？更有甚者，手里忙着要事，电脑和手机上却不断弹出邮件收信通知。本章“专注”一节中，我们会重点讲述，毫无干扰地工作 60~90 分钟才能达到最佳状态，所以，如果每天固定时间专门处理邮件，其他时间关掉不理，效率会更高。

邮件有五种类型。快速准确地区分所收邮件的类型，你就能部署最佳策略，有效地达成目标。

1. 垃圾邮件——不管是全球购网站香蕉共和国（Banana Republic）发邮件告诉你高领毛衣打 8 折，还是同事群发邮件说一些与你无关的事，这些都是浪费你生命的邮件。消灭垃圾邮件。

2. 浪费时间——这类邮件本质上并非垃圾邮件，每一封都是他人出于好意发来的，你觉得必须赶紧回复对方，但实际上却是在浪费时间。表面上看起来这些邮件是你感兴趣的资讯、通知更新，或是倡议执行通知，实际上跟你的业务目标和个人目标并无关联。我们要快速搞定或者忽略这类邮件。

3. 速赢邮件——这些邮件关乎你的目标，处理起来用时不超过 1 分钟，回复了会让你更接近目标。内容通常是“对，我愿意跟你讨论一下预算，周五下午 2 点怎么样？”或者“你希望找一个营销专家指导项目，那丽萨 · 沃克怎么样？”我们要快速有效地回复这类邮件。

4. 工作相关——这类邮件与你的目标息息相关，通常是重要人物发来的说明指示、棘手问题、需要你研读的见解和超大附件等。回复这些邮件需要一些时间，5 分钟，10 分钟乃至 1 小时。把这类邮件的相关任务记录在 MTD 上。

5. 文章文献——人们常常会发来一些你感兴趣的文章，或者说，更多是发一些他们想让你发现趣味所在的文章。此时此刻，那些与你目标有关，但是没读过的文章成千上万，而此刻这一篇恰恰并不是最重要的，把邮件文章归类，当它对你实现目标至关重要的时候拿出来拜读。

整理各种邮件的策略 每次收到邮件，都要尽可能快地从收件箱移走，把邮件放到该放的地方。辨别邮件属于上述哪种类别，然后相应地删除、转发或者存在 MTD 上。你的目标是利用下列方法，远离邮件，回到清单上最紧急、最重要的任务上。

1. 消灭垃圾邮件 你有没有注意到，很多促销推广邮件上都写着“不要错过……”字样。因为没收到电信运营商或本地红酒商的日常推送，导致自己目标没有完成，这种情况我还没遇到过。摆脱垃圾邮件的方法数不清，你可以：

- 取消订阅：取消订阅需要时间操作，却为你将来节省许多时间。对于收到的许多第三方发来的邮件，不妨取消订阅。

- 筛选：多数电邮服务商能通过设置筛选条件，让邮件直接跳过收件箱，转移到相应文件夹。如果你无法忍受错过汤丽柏琦的优惠券，那就设置筛选条件，把所有优惠券邮件转存到专用文件夹中，想挥霍购物时再去查收。对工作伙伴发来的没用的邮件，也可以用这个方法，毕竟没人赞成你去跟同事说：“你能不能别再给我发邮件了？”但是你可以设定关键字或特征，让某人的邮件跳过收件箱。

- 静音：如果你也在 50 个人次的邮件会话视图里，人们不停回复他人“就这么做，珍妮特！”邮件不停弹到你信箱顶部，你不妨设置邮件会话静音，也可以选择静音或忽略功能，许多邮箱都支持这个功能。

- 邮箱小号：有些垃圾网站不仅给你发垃圾邮件，还把你的邮箱地址卖给他人，让你无法彻底消灭垃圾邮件。最好的办法是只把邮箱给可靠的网站，也可以考虑申请一个邮箱小号，专门用来注册网站。又或者，如果你用的是谷歌邮箱 Gmail，你可以利用鲜为人知的功能，你可以定制自己的邮箱地址，在用户标识符和域名 @gmail.com 之间加上加号（+）和相应字符，这样，如果你的邮箱地址是 johnny.santiago@gmail.com，用邮箱注册网站时，就可以用 johnny.santiago+junkmail@gmail.com，然后在邮箱里设置一个垃圾邮件“junkmail”文件夹，这样所有发送到“junkmail”的邮件都可以直接转至垃圾箱。

从现在起，对挤满你收件箱，转移你注意力的垃圾信息，要毫不怜悯地销毁。

2. 忽略或者快速处理浪费时间的邮件 收件箱中的大部分邮件都是浪费时间的邮件。很多时候，这些邮件与你的目标无关，而多是别人关心的事。解决方法很多，最简单的有三种：

• 回绝：对于不必要的请求，比如：“嗨，迈克，我想问我能否打电话给你，耽误你 15 分钟，向你介绍我们行业一流的人力资源工具，能为您的股东创造巨大价值。”确保有礼貌地回绝：“非常感谢您能想到我们，但目前我们不准备变更人力资源管理工具。如果将来有需要，我一定联系您，祝好！”如果这个人继续发邮件给你要求面谈，就当作垃圾邮件处理。

• 转发出去，说再见：许多邮件是有用的，但更适合发给别人。比如邮件上说“我有意向跟贵公司合作广告”，但广告业务不归你管，这时你不如转发给相关人员：“瓦尔，我知道你们正在寻求广告合作，所以转发给你，万一你有兴趣的话，请直接跟他联系。”而对原发信人，就回复：“非常感谢您想到我们，我已将邮件转发给负责广告合作的相关人员。他们如果需要的话，会直接跟您联系。祝好！[1]”

---

[1] 专业建议：自动回复——有的邮箱程序能保存自动回复，就像上面的内容，你可以在邮件中快速插入这些内容，如果邮箱没有这个功能，就在草稿箱中保存一下你自己最常用的回复内容，需要的话直接复制。每个月可以节省 1 小时的时间。

如果对方继续发邮件，当作垃圾邮件处理。

• 搁置否决：你总急切地想要回复每封邮件，但是，再强调一遍，很多邮件与你的目标无关。每回一封邮件，就会收到更多邮件，就像是弄湿了的小精灵[1]。所以，在回复之前，先问问自己这样做是否能让你达成目标，如果不能，就从收件箱把邮件清理出去。通常，人们会忘记他给你发了邮件，而且也不会再出现。跟搁置否决相反的，是可怕的"回复所有"。有一份研究表明，若100人都回复同一封邮件，就会损失8小时的生产力。因此，再收到恭喜吉姆完成一项大单的邮件时，不妨直接私发给吉姆一封邮件，诚心地祝贺他的努力和成功，而不要直接在85个人的邮件会话里回复"干得漂亮，吉姆"。

3. 快速回复速赢邮件 你已经清理了无关紧要的邮件，现在轮到这些让你朝目标更进一步又能迅速处理的邮件了。下面这样是错误的处理方法：

"麦克，很高兴你联系了我，我也很乐意听听你的看法，考虑合作。弗洛伊德。"

"非常感谢！弗洛伊德，我可否叫上合作伙伴的领导？我觉得她的加入好处多多。"

"麦克，当然可以。谢谢。"

"太棒了！那约本周五早上9点如何？"

"很抱歉，那天我不在纽约。"

"周一呢？"

"要跟家人去远处，周二吧！"

---

[1] 80年代最热的电影《小精灵》(*Gremlins*)中，小精灵是一种可爱的木偶生灵，是一个孤独的小男孩从一位神秘的老绅士那里买来的，买的时候答应不弄湿它，不在午夜后喂它吃东西，不让它暴露在强光下。当然，他弄湿了小精灵，小精灵因此繁殖了；他喂晚了，结果小精灵变成了恶魔；他用强光从这群打劫的邪恶精灵手中拯救小镇。《小精灵》是一部圣诞电影。

“天啊，周二我们在出差，周三上午 10 点吧！”

没有回复。

“嗨，弗洛伊德，我上次问你是否可以周三见面，你没有回复。那我们周三见，还是再约时间？”

没有回复。

不难发现问题在哪，每个人都犯这样的错。切记邮件不是网络聊天，对方并不会一直守着等你回复，尤其如果对方是高级专业人员或者读过这本书。让潜在的速赢邮件成为真正速赢邮件的关键是，回复明确的说明，搞定这件事，而不是出现上面的邮件事故。试试：

“弗洛伊德，非常感谢。我周五上午、周一下午 2 点后以及周四全天都有时间。如果有合适的时间，请确认后回复我，我会准时赴约。如果不行，请告知我你方便赴约的时间，我会做出调整。如果没有意见，我们就约在第八大道 111 号的 4 楼见面。如果可以，我想带着合作伙伴的领导一起赴约，否则我就自己赴约。期待与您亲自面谈，诚挚的迈克。”

“迈克，周四上午 10 点在第八大道 111 号，与你们不见不散。”

这两种回信方式截然不同。清楚明确的回复可以减少来回反复，节省时间，增加实现目标的可能性。

4. 工作相关的邮件转存到 MTD 有多少次你突然收到邮件，说有新任务要你立即去做，可是一直到下班才意识到自己有更重要的任务？工作相关的邮件会消耗掉你一整天的精力。要有效地管理这类邮件，很简单：

• 纳入 MTD　这些邮件跟其他任务一样，应该按前面说过的 GIST 法处理：当成目标重新整理，分析作用、速度和时机。

• 在“灵活工作”中归档 把邮件从邮箱移到“灵活工作”文件夹中，不会占据你的收件箱，而且在需要的时候可以在文件夹里快速找到。

5. 文章归档，日后再看 每天都有一堆伟大的目标和重要会晤。30 分钟的休息时间，你还要抓紧查看有没有对你实现目标有益的速赢邮件。但是等等，这是什么？同事给你发了一篇 “成为高效领导的七种方法” 的文章。你的确想效率更高，也没听过这 7 种方法，得现在读一下！

荒谬！那样我们都会后悔的。毫无疑问，许多文章都见地不凡，读之受益。但是，这篇甚至不是你主动寻求的文章，又有多大可能在你查收邮件的时候，突然成为你当下任务的重中之重？与其迫不及待地一睹为快，不如归档，放在专门的文件夹，存在当下流行的应用软件和浏览器中。我个人用的是 Pocket 软件。这款软件拥有约 2000 万用户，可以分享一些新兴软件，如红板报（Flipboard），推特（Twitter）等。借助 Chrome 和 Safari 浏览器中扩展应用里的 Pocket，可以打开文章，点击“保存到 Pocket”，文章就能安全地保存起来，等到你专门阅读时再看。

日后，打开 Pocket，就能发现那些当时想读的文章，其实根本就没有你保存的那些重要。一次性看到所有的文章，能让你优先选择重要的，让阅读时间效率最高。

不要存档，不要删除，要归档搜索

最初，工作只有两种邮箱软件：IBM 的莲花便签（Lotus Notes），微软的 Outlook。这两款软件搜索功能很差，如果不仔细地把邮件保存在相应文件夹里，以后就很难找到想找的邮件。那时候工作邮件存储空间有限，所以人们必须花几个小时清理旧邮件，而且有些邮件还得纠结到底要不要删。今天，尽管大多数邮箱软件已经拥有很强大的搜索功能和无限空间，但依然有人停留在以前的记忆里，浪费时间把邮件保存在特定命名的文件夹。要让邮件更有效，按照下面的来做：

归档——你可以不删除任何喜欢的邮件，而是保存下来，归档。有些邮箱中，归档是默认选项，而有些则不具备这个功能，你可以自己复制这个功能，创建“归档”文件夹，把邮件转存在里面，而不是删除。

搜索——为实现高效搜索，多数邮箱采用标准逻辑。这样对于非常具体的内容，你可以用关键词进行搜索。举个例子，输入“坎昆市罪案照片”就能找到相关资料。有时，要找一些普通资料，就需要搜索功能更给力。在邮箱搜索栏练习几分钟，就能掌握这个宝贵的技巧。下面几个例子帮你理解：

• 查找精确短语：用引号实现准确匹配——搜索“坎耶·韦斯特”

• 查找一个人发给另一个人的东西，搜索：由：乔恩 至：黛比

• 想排除无关内容，得到更准确的结果？搜索：“红辣椒”-食谱（搜索结果中包含“食谱”的内容不会显示）

• 查找 2017 年以前某人发给你的展示文案？搜索：“带：附件，2017 / 01 / 01 之前”

搜索归档越有效，收件箱就越容易清理，以后需要时检索起来也越方便，可以避免存档的麻烦，提升效率。

掌握快捷键和邮件线索

设想，为了操纵屏幕，你必须用一两英尺开外的有线鼠标来控制屏幕上的光标，这样工作效率就会受到影响，更别想保持头脑清晰。可是许多人习惯在台式电脑前用鼠标，手指不停地从键盘上拿开，打

断自己的进度，每次失去 2 秒钟的宝贵时间。学会邮箱里面的快捷操作，时间长了，你邮件处理的速度就更快。举个例子，在谷歌邮箱 Gmail，使用快捷操作进入收件箱回复第二封邮件，只需要输入 g i [（进入收件箱）go to in-box] k[（进入列表第二封邮件）go to next message in thread]，键入回车键 [打开邮件]，输入 r [回复（reply）]。

多数邮箱的另外一个选项：每次他人对群发邮件的回复都放在收件箱，把所有邮件回复都当作一个对话线索。谷歌是这样默认的，很多其他邮箱也都有这一选项，把相同主题的邮件作为对话视窗来显示，也极其有效。一旦归档，该主题下的所有邮件都会保存在一起，将来搜索的时候更容易。

现在高兴了吗？

重要邮件定时收发（Boomerang）

Boomerang 是一个浏览器插件，可以用它定时收发邮件或定时提醒，支持邮箱 Gmail、Outlook 和其他网页版邮箱。可以设置邮件某天某刻重新出现在邮箱，或者一段时间内没有回复时邮件重回邮箱，还可以编辑完邮件，让 Boomerang 进行定时发送，避免自己因忙碌而忘记处理收件箱中需要处理的事宜。

事情变糟糕的时候，对收件箱分类

还记得电视剧《实习医生格蕾》吗？迷人万分的医生们总是优雅从容地进行各种医疗救治，而当编剧搞砸了这一切，出现飞机撞上潜水艇，医生们就要手忙脚乱地在事故现场进行手术，又是插管又是除颤[1]。有时你的收件箱也是这样，你全神贯注地处理日常的收件信息，管理任务清单，搞定速赢邮件，突然有一天要开 12 个会，而上司的

---

[1] 我知道你会说："迈克，你不是不看电视剧吗？"我看过几遍《实习医生格蕾》，我也觉得很惭愧。

上司又下达紧急任务，接下来的事情可想而知，你有115封未读邮件，每一封都威胁着你的事业。这时，就算是再有效率再专注，都会无法控制；收件箱被淹没，难以控制，再也无法按推荐的那样快速处理。要回到正轨，就创建一个临时文件夹命名为“分类”，迅速浏览收件箱，查找需要处理但并不紧急的邮件，移到新文件夹。在MTD中增加一个任务：处理“分类”文件夹，需要的话列为优先，这样邮箱就更可控，你就可以回归平静。

现在，搞定它！

根据研究，员工平均每天工作8小时，但真正有效的只有1.5小时，所以，一般员工无法取得卓越的职业生涯。而为了实现我们的目标，我们必须有效地利用时间。下面就是方法。

做正确的事情

使用GIST管理所有任务，效率已经有所提升。现在按照MTD，根据下面的步骤决定接下来要做的事情：

目标——反省每日目标和每周目标

挑战自己，专注于真正的目标。“清空收件箱”“赶上阅读进度”“参加团队场外活动”，这些并非目标，而是活动。“与万豪酒店合作，达到50万美元的新业务”是目标，“约见三个设计师，得到设计行业的职业洞察力”也是目标。确定自己今天要完成的目标，优先专注于符合目标的任务。

作用——确认清单上对目标作用最大的任务 因为已经对每一项任务标注出“# 高”，“# 中”，“# 低”，所以这一点不难做到。查看MTD，找到标有“# 高”的任务，由此开始。

速度——给手头所有任务分配时间 MTD 上已经标记出任务需要用时“# 快”或“# 慢”。如果是在开会前 30 分钟，那就选择标记着“# 高，# 快”的任务；如果有几个小时，就是珍贵的一段时间，可以用来解决“# 高，# 慢”的任务。

时机——做要到期的事情 那些符合目标，作用较大，能在现有时长内完成，本周就要截止的事情是重中之重。不符合目标，作用不大，当前时间做不完的事情，就需要你做出判断，降低优先等级。很有可能周二就是报税的日子，但如果有其他对目标影响更大的紧急事务，那报税就要缓一缓，或者报税也外包出去。（先别崩溃：80% 的纳税人都会收到退款，而另外 20% 的人如果两周后才报税，就会收到 2% 的罚金。）

专注！

现在，目标已经清晰，正确的任务也已确认，坐下来，准备征服世界。

看一下，第一个任务：向经理提交录用两个员工的具体提案，获批预算，实现 50 万美元营业额。# 高，# 慢

嗯，很好，开始吧。开始工作，打开电脑，啊，等下！球赛开始了，我得看一眼娱乐体育节目电视网，只要 10 秒钟而已……，赞！进球了，漂亮！开始工作了……我开始写申请了，约翰——，噢，电话响了，哦，《纽约时报》的推送通知，点开看下……好文章！幸亏我看到了，还有今天所有其他发到邮箱的文章。嗯，我刚刚到哪了？哦，对，亲爱的约翰，我想要……，半个小时过去了，想知道现在的比分是……

大多数人的专注力比较差，这不是我们的错，而是因为大脑系统 1。我们必须为系统 2 创造适当的环境，让系统 2 开始帮助我们处理最重要的工作，方法如下：

感受连贯 开始工作的前几分钟最困难，效率最差。因为思维依然在神游，系统 1 把你拽到各种让你分心的事物面前，让你松懈。但是，专注得越久，就越容易专注。大脑中有一种叫作去甲肾上腺素的化学物质，可以让你更清醒、更机敏，提高警觉性，促进记忆形成与提取，更加专注。研究表明，专注于一项任务时，大脑会释放更多这种重要的化学物质，你明白这种感觉：思维更清晰、词语涌现更快、手指或拇指每分钟开始敲击出越来越多的词句。

开始“单任务” 这本书的一个主题就是：我们并不像想象中的那样了解大脑，而且高效能需要调整习惯和运作，让大脑生产力达到最高。一个最明显的例子就是多任务：你觉得自己擅长处理多个任务，但实际上你并不擅长。不相信我？让我们听听知名神经系统科学家厄尔·米勒（Earl Miller）怎么说：

“人们做不到同时处理多个任务，说自己能处理的那些人，是自我欺骗……你并非同时专注一个或两个任务，而只是快速在任务之间切换而已。”

米勒博士研究大脑已有 35 年之久，所以比起继续欺骗自己，为何不相信这位杰出的科学家？别在开会的时候偷偷查看邮件了！

在多个任务之间切换代价很大，会让你效率低下。伊利诺伊斯大学的研究人员和微软合作，追踪微软员工面对多个同步任务时的效率：在电子数据表和邮箱之间切换。研究发现，从需要专注的任务，转移到另一个任务，比如说邮箱提醒，再回到原来专注的任务上要用 15 分钟。另一个研究中，斯坦福大学的研究人员找了两组人完成一项挑战，一组经常处理多个线上任务，另一组则处理单个任务，结果发现前一组成员控制注意力的能力越来越差，从无关信息中筛选重要信息的能力也有所降低。

同时处理多个任务代价很高，是时候重新思考一下，想得到实现目标需要的效率，应该怎样工作和专注？是时候专注单一任务了！

屏蔽干扰 外界干扰和多任务一样，都对效率有害无益。研究人员要求受试者按顺序记忆电脑上的一系列任务，记录他们的表现，然后开始不停打断他们，再次记录表现。结果表明，每 2.8 秒干扰一次，受试者出错率增加 1 倍，每 4.4 秒干扰一次，出错率增加 2 倍。较短时间的干扰，2.8 秒，是给设置手机静音的时间，是说“我会回电给他”的时间。所以，关掉电脑上的其他窗口，把电话放在手够不到的地方，关闭提醒，到没人会来打扰你的地方，专注自己的工作，就像老板一样。

深呼吸，停下来 写到这一章的时候，我好几次都迫不及待想做其他的事情，虽然只是转瞬即逝的念头。系统 1 很强大，也很固执，一旦你向冲动投降，你就会不断下坠。冲动的时候，停下来，深呼吸，提醒自己要完成的目标，专注在行动上。向分心的事物投降是一种习惯，不屈服也是一种习惯。相信我，养成不屈服的习惯意义非凡。

到此，你已经具备我所知道的潜在任务所需要的最佳工具，使用便签卡，Evernote 和 微软任务清单 Microsoft To-Do 等数字工具进行管理，按照 GIST 方法进行整理和排序，避开或者摆脱邮件陷阱，专注完成正确的事情。感谢你与我坚持到现在，这对你，对你的职业成功，绝对会有所回报。下一章，更好玩，相信我。

第四篇

社交：相互影响

不管职业蓝图是什么，成功都取决于你积极影响他人的能力。发展你的社交网，影响他人，管理干系人，进行有效会谈，都是成功的基石[1]。

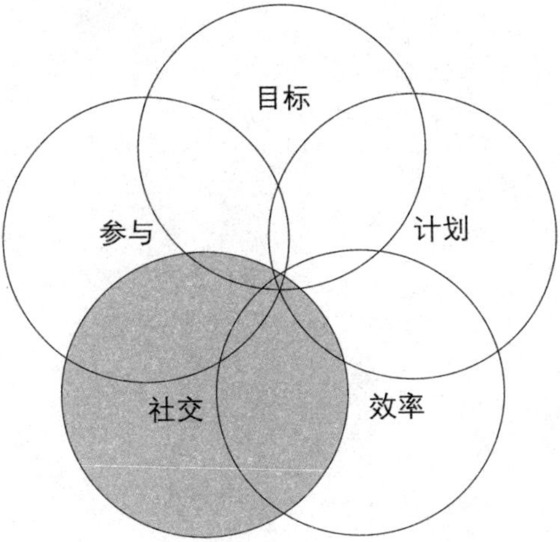

[1] 除非你是隐士，或者是机器人天启中唯一的幸存者，否则千万不要跳过这一章。

第九章

→ 有目标的社交

> 我总觉得自己是独来独往的狼。但妹妹带道格回家时，我就知道他是同类，我的狼友队伍多了一个人，所以现在狼队里有两个人了。一开始只有我一个，后来道格加入了。六个月前，道格把我介绍给你们时，我想，“等等，可能这是……？”现在我很肯定，我的狼友队伍又增加了两名成员。
>
> ——艾伦·加纳《宿醉》（*The Hangover*）

想一下：你最关心的人是谁？最关心你的人又是谁？

这就是你的人际社交。而你的人生发挥影响的机会就是源自这些关系的强度。

如果你和大多数适应环境的人一样，那么说到“社交”，你想到的就会是尴尬的问候，不请自来的请求，虚伪的互动。社交，大多数人的方式都有些烦人，比如：

————转发邮件————

发信人：弗雷德·史密斯 fmsith@crapleadgencompany.com

日期：2017 年 1 月 26 日，星期四

主题：与破坏性创新者的再联络

嗨，迈克：

我们一起去过宾夕法尼亚大学，在行业内我们都有创意，也颇有颠覆性。加油！我们的篮球队赢了联赛，是不是很赞？我还注意到，我们都认识美国通用电气的凯莉·琼斯。我写这封信是因为我有一个客户解决方案，非常适合你们公司，使用我们创新的引导式 b2b 电子商务模式，能为你增加盈利……

呃，我不认识弗雷德·史密斯，也不关心篮球，更没有多喜欢美国通用电气的凯莉·琼斯。弗雷德提及这些肤浅的关系，只是为了让我买他们推广的产品。这很不妥，很自私，显示了人们是怎样误解并且滥用“社交”这一概念的。人们总是错误地认为“社交”就是一连串名字，利用这些名字可以实现自己的最终目标，这是不对的。社交不是单方面的，没有人因为碰巧你认识他们，跟你认识同一个人，从事相同的职业，就必须帮你的忙。

正如社交专家凯莉·霍伊（J. Kelly Hoey）在《构建梦想社交：在超链接世界里缔造重要关系》一书中提到的那样：“社交是不断建立并强化关系的过程，不仅仅是一封自荐邮件，一次鸡尾酒会，而是关乎于人的：他们是谁，如何出现，想实现什么，如何聚集，除非你真正领会这些，否则你的社交努力作用不大。”

如果想有所成就，就必须建立良好社交。要建立有效社交，就必须专注在对方身上，思考你能帮他们做什么，而不是他们能为你带来什么。所以，对比突兀来信的弗雷德·史密斯，再看看同一周来信的

其他人，他们已经花费时间建立培养与我的关系，之后才请我帮忙：前同事需要新工作的参考；工作上的伙伴正为自己的经营策略努力；走上新事业之路的朋友需要所在新领域的引荐；导师需要我给他的女儿找一个实习岗位。他们每一个我都愿意帮忙，因为请求帮忙之前，我们建立了可靠持久的关系。这些关系互相依赖，很特别，很珍贵。他们成了我所认为的“至交”。

人际关系网分成四个阶段，如下所示：

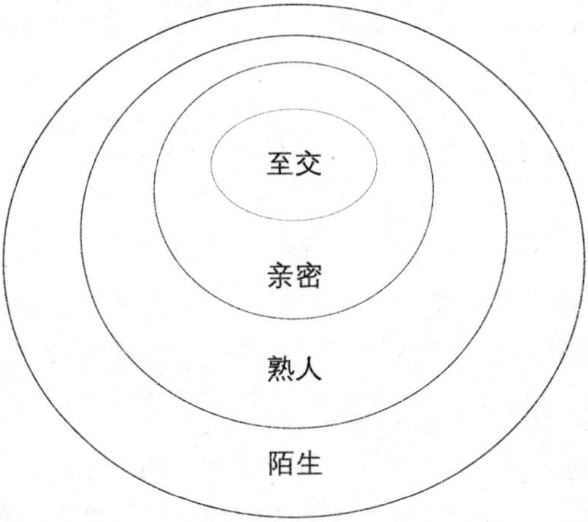

首先，是你和素未谋面的**陌生人关系**（最大的外围圈）。其次，是**熟人**，和一些人熟悉，认识他们，不算了解也不算生疏。接着是**亲密关系**，你对他们非常了解。最后，是**至交**，主要是挚交好友。关系网有可能影响你想要的事业和人生。要让他人进入这个网，有三步：

1. 从陌生到熟悉：开始联络，形成联系，陌生人变成略知一二的熟人。

2. 从熟悉到亲密：了解对方，看自己可以帮助对方什么，你和对方从知之甚少到知根知底。

3. 从亲密到至交：在某些重要方面帮助对方谋求更好的生活，知根知底的那个人得到你的重大帮助。

这个过程的关键在于，建立关系的基础应该是想了解对方，欣赏对方，帮助对方，而不是想让他们帮助你。有些人可能觉得不合常理，尤其是世上有太多类似弗雷德·史密斯的人，但唯有此，才能建立真挚长久的关系。回想一下你的影响力导图，回忆一下你构想的所有影响世界的方法，导图是由你放射到他人，而不是由他人到你。你对他人的帮助就是你的影响力，你的生活。接着就会发生神奇的事情：你建立的关系这些年就会发芽，反过来对你有所帮助，出人意料，改变你的人生。

所以，开始吧。

从陌生到熟悉

如果你有幸天生就很活泼、友好、外向，能够跟眼前的陌生人聊起来，就可以跳过这一节内容。这一节是专为像我这样，觉得跟陌生人聊天最尴尬、最不自然的人而写的。很遗憾，这些年我遇到了很多人，他们魅力十足，知识渊博，洞幽烛远，阅历丰富，我却未能跟他们打个招呼问候一下。你现在也可能不知道，我努力了许久，找到了与人联系的简单方法。我可以分享一些建议。

先从最容易的一群人开始，你可能已与他们有些许联系，比如共事于同一家公司，就读于同一所学校，生活在同一个街区。与这些人熟识起来很容易：共同点很多，他们也想认识你。当你打破碰到这些人只是点头致意的尴尬，跟同一家公司或一个街区的那些人介绍自己时，他们会很开心，甚至会松一口气。和他人从陌生飞跃一大步到熟悉，只需要三步：

1. 表现得热心友善 加州大学洛杉矶分校退休的心理学教授阿尔伯特·梅拉宾（Albert Mehrabian）在他的一项研究中指出，55% 的人际交往是看见的（外貌、肢体语言），38% 是听到的（语调、音量、讲话节奏），7% 是靠语言（你所说的话）。所以，要开始接触，迎接陌生之人，就致以对方恰当的问候：

舒展身体（手臂不要交叉，站直，舒展肩膀，向对方敞开心扉）

表情要温暖（抬起下巴，保持眼神交流，微笑）

向前伸出右手（亲切地，而不是有攻击性地[1]）

自信地说："嗨，我是迈克·斯泰布[2]。我就在前面的公司大厅工作。"

我明白，这些听起来都是最基本的。但是多数人，尤其是性格内向的人，都搞错了，他们收起自己的身体，露出看着有点痛苦的微笑，眼神飘来飘去，犹豫不决地伸出胳膊，像是告诉别人他们不确定是不是该握手。更糟糕的是，初次接触的尴尬让他们干脆避开问候。如果不信我，下次去公司外面开会的时候，你可以花上几分钟观察一下开始交流时那些痛苦的人，多数人很害怕初次与对方认识的场景。

或许，你需要在镜子前练习如何恰如其分地打招呼，多练几次才会看起来自然。初次见面时觉得不舒服，可以试试目光保持接触，表情温暖和善，可以慢慢练。等红灯时可以对着旁边车上的人练习，超市排队时对排在后面的人练习，走路时对迎面走来的人练习，你会惊奇地发现：如果你热情地对他人微笑，出于本能，他们也会对你微笑。

2. 简短愉快地对话 首先，是你的自我介绍。如果你只是说"嗨"，那对方也只是回应"嗨"。如果你说："嗨，我是迈克·斯泰布，我住在 3 号楼，有 2 个孩子，总是在过道打闹捣乱。"对方就会说："嗨，我是乔·卡隆，和女朋友住在 6 号楼，养了一只拳师犬，总是叫个不

---

[1] 有书上说要在握手时占据主导地位，就把大拇指弯曲朝内握在手掌，潜意识就是在一段新建立的关系中告诉他人你想占据控制权。如果你有此习惯，你就是混蛋。

[2] 要用你自己的名字，而不是我的。

停。”抓住你听到的信息，然后问对方一些开放式问题，促成一段简短对话。“很高兴认识你。乔，你一直都养狗吗？”确保对话积极简单，不要问新结识的朋友他是不是相信真爱或者气候变化。

如果不练习，结束一段对话就跟开始一段对话一样尴尬。当地一位工作了30年的政治人物跟我说，在政界成功的关键是跟所有人打招呼时最少要够30秒，然后转移到下一个选民再交谈30秒。所以，一来一回交流了一两个问题，等对方说完，你就可以再次伸出手，说：“认识你真的很开心，乔。希望下次能再次遇到你和你的爱犬罗斯福。”

（如果需要更多结识他人的技巧，我建议你读一读颇有创意的《如何赢得朋友和影响他人》，晦涩却引人入胜的《不只是“我”》，妙趣横生的《90秒内赢得好感》）。

3. 记住对方名字 这一点，我很不擅长。练习过成千上万次，只做到了一半，所以起码我可以告诉你我们错在哪里。首先，初次结识时都很激动，对方报了姓名，但是我们没记住对方的名字。你必须培养听名字的习惯，如果没听到，就问对方——“不好意思，您能再说一遍名字吗？”记住名字有三个方法，这三个方法是否成功取决于你掌握得怎样。

- **复述** 对有些人而言，这招很管用，“很高兴认识你，乔。”“乔，在城市里养狗是不是很难？”“认识你很开心，乔。”在前面提到的《如何赢得朋友和影响他人》一书中，戴尔·卡耐基提到：“不管说哪种语言，叫出名字对他人而言是最甜蜜、最重要的声音。”只是要注意尺度，不要过火。要是每说一句话都提一下对方名字，听着就很怪——我觉得一个简短对话中，最多提三次。

- **形象化** 对有些人来说，复述这招不管用，他们会很快发现：“糟糕！我刚刚一直复述的名字是什么来着？我如何再询问他的名字？刚才聊天都说三次了。”第二个方法是把名字形象化。如果你是视觉型学习者，可以想象把对方名字写在他的前额上、虚构的姓名标签上、头顶的光亮上，记住名字的概率就大大增加。

• **联想记忆** 人脑的功能不像档案柜，可以把有趣的事实存起来以备将来用。大脑进行联想，通过联想记住重要的信息，比如试试记忆这几个词：猴子、火车、超市、机器人、软呢帽、窗户、百事可乐。

现在，你不断在脑海中默念这些词，强迫大脑记忆，但效果不佳。谁赢了1812年战争？摇滚名人堂在哪里？我说的这些词第五个是什么？看吧，你都忘了。人脑可以操控粒子碰撞器，却记不得连三岁小孩都能说的7个词。

现在试试这样：把每一个词都和下一个词联想。猴子开火车，火车路过超市，超市店长是机器人，机器人戴着软呢帽，软呢帽被吹到窗外，你坐在窗户旁喝百事可乐。如果仔细把所有东西相互联想，就能记得住。记忆大赛中的选手也是用类似的方法，有时也会在脑海的平面图中不同的地方标记出来（轨迹记忆法）。如果感兴趣，乔舒亚·福尔的《与爱因斯坦月球漫步》就是研究大脑如何记忆信息的，非常有趣。

现在用联想法记住邻居乔和他的狗罗斯福。乔有一头浓密的黑发，像约瑟夫·斯大林，乔·斯大林。乔·斯大林把俄罗斯人送到古拉格劳改营，是坏人。但是泰迪·罗斯福保护美国人免遭不公平的劳动，是好孩子。我那个一头黑发的邻居从对面走来了，他叫啥来着？哦，对！“很开心又见到你，乔。你的爱犬罗斯福今天怎么样？”这需要练习，但始终有用。

运用这些方法，就可以打破你和他人，和每天数以百计从你生命路过的潜在熟人和朋友分离的不适障碍。只是简单微笑，眼神接触，伸出右手，简短交流，记住名字，就可以把陌生人变成熟人，愿意的话还能再深一层，变成亲密关系。

从熟悉到亲密

到此，你已经知道如何表现友好，克服生人之间的尴尬，让对方觉得自在，记住他们的名字。练得越多，就越容易，你也会发现这个新方法的正能量可以传递到所有场合。然而这只是第一步，接下来就是真正去了解你想进一步了解的那几个人。

这一步，差不多所有人都搞错了一点：碰到风趣好玩的熟人，我们会犯两个错误。一是聊我们自己。我们太过于急切地想向对方证明自己也很风趣，想告诉他我们自己的工作有多好，学历有多牛，为芝加哥马拉松进行培训……，这要聊多久，没人知道。如果不说完，对方怎么知道，如果不知道怎么了解我们，如果对方不了解我们，又怎么会喜欢我们？结果，大多数人都获得了神奇的能力：聊什么都能聊回到自己。“噢，你在财政部工作？我在杜兰大学的专业就是金融经济……”“你也喜欢 CrossFit 这种健身训练？好酷，我只是每天早上跑步……”诸如此类。聊了五到十分钟，除了只知道对方似乎有很多事情做得比我们好之外，对新朋友知之甚少。我们没有辜负一个老笑话的预言：如何知道对方是不是素食主义者？不用着急，他会告诉你的。

我们会犯错，是因为谈论自己感觉很好，沉浸在被理解、被欣赏的本能中（除了“然后”“嗯”“呃”等语气词，使用频率最高的词就是“我”）。每次聊天，我们都剥夺了新朋友这最重要的展示机会。这会让他怎么看我们？上一次，你刚认识的那个人不停打断你，告诉你他多优秀、多成功的时候，你是什么感觉？你很可能不喜欢这个人，或者至少有一点点嫉妒他。好可惜，就这么失去了一个机会。在他人特别想抓住机会博得我们喜欢的时候，我们也耗费精力让他喜欢我们。

所以不要谈论自己。从此刻起，不要把每一次交谈当成让别人了解我们、钦佩我们的机会，而是当成我们了解他们工作兴趣、欣赏他们的机会。“你练了多久 CrossFit？乔？……效果好吗？……最基础的锻炼是什么？……作为素食主义者，是不是很难获取满足举重需要的蛋白质？……培养良好的运动习惯很难，你有什么秘诀吗？……听起来你意志力很强，能不能聊聊你做些什么工作？……”每一点信息都是一个机会，让对方告诉你关于他的事情。聊天的时候，抱着在新朋友那里进行个人优越感全垒打大赛，你当击球练习投手的心态。杜绝一切想要谈论自己的念头，把所有问题都转移到新朋友身上，看着对方如何急切地想借机告诉你他的激情，这个人会因此爱上你。知名广告人大卫·奥格威（David Ogilvy）说过：“想引人关注，先关注他人。”

唯我论之后的第二个错误，就是胆小不健谈，聊天只限于安全有效的表面交流：

“你喜欢这个比赛吗？”

“嗯，我喜欢，比赛很赞。”

“你去看过比赛吗，玛格丽特？”

“一年三四次吧。”

“真不错。”

“是不错。”

“你是对的，这个比赛很精彩。”

简短对话是你和熟人之间的破冰之旅，如果聊天不谈到实质，就无法了解对方。

“那玛格丽特，大赛中有和你工作有关的东西吗？”

“无人机技术的那个很有意思。”

“我记得你们公司是国防承包商。这些小小的无人机如何应用到国家安全的宏图中？”

“哦，这很了不起，想象一下无人机的网络与某个传感器相连接……”

同一个人，不同的效果。第一种方法让我们知道双方都认为这个比赛很不错，而在第二种方法里，我们了解了一种先进的新科技，也了解了这个朋友的工作。在与他人交谈时展现真诚的好奇心，能让我们更了解他们。

人们害怕有太多这样的亲密接触，因为对方在这方面颇有造诣，而我们不想让他人觉得我们很无知。

“托德，你说你在瑞士银行工作，具体什么岗位？”

“债务资本市场。”

“哇哦，好酷。”

因为害怕问，你余生就无法知道什么是债务资本市场，也不知道新朋友到底怎么谋生。知道吗？如果托德值得深入了解，他不会在意你是不是了解他那个行业。实际上，如果你不问，他会觉得吃惊或者失望，甚至会觉得你对他不感兴趣（所以他为何要花费时间来了解你呢）。不要害怕，放开自己，会开启千万个有趣的谈话。

“我必须承认，托德，虽然我很想学，但我不了解金融行业。能说说你在债务资本市场是干什么的吗？”

“哦，当然能！当某个公司想借钱的时候，我们代表公司把债券卖给投资商，作为辛迪加财团的一部分。”

“辛迪加？”

“公司通常指定几个投资银行来帮助融资，这几个银行就称为辛迪加财团，财团向投资商提供价格相等的债券。”

“就像在贷款经纪那里抵押一样？”

“对！大同小异，只是这里的每笔贷款都是几十亿……”

这样你就能大概学习到新业务，而你的朋友也在做他愿意的事情：谈论自己的工作。你不断点头、微笑，兴致勃勃，对托德就是鼓励，让他有满足感。这种对话可以用在后面许多情况。下面的几个问题几乎可以用在其他人的工作上：

• 告诉我经营模式——谁给谁掏钱？谁给谁提供价值、商品、服务？

• 你们跟对手比优势在哪，能让客户选择你们？

• 是什么让你选择这个行业（领域、公司……）工作呢？

• 你的部门占整个公司的多大部分？其他部门呢？

• 有没有什么新技术影响你们的业务？

• 听起来你很成功，这个职位成功的要素是什么呢？

• 你觉得这一行 10 年后会怎样？

• 你最喜欢你工作的哪个方面？为什么？

……

一旦你开始付诸实践，你就发现自己不用担心别人觉得你没礼貌，因为你可以和对方聊得开心满意，让你和对方亲近起来，了解新朋友。以后每次联系，就能更多一点了解，问一些事业成功的深刻问题。“托德，最近怎么样？我最近看了《金融时报》，债券价格不太稳定，对你的业务是不是有影响？……上次见面你正在忙一个大客户，搞定了吗？……后来又忙什么了？你觉得联邦储备局会怎样调整利率？”

这个方法还有一个潜在的好处，你从新朋友那里学来的各种新鲜事，都让别人觉得你见多识广、十分迷人，而且这些知识日后会在有些地方用得上。根据一两周前和新朋友聊天时学来的，我可以告诉你红酒进口的规则，批发商一次能带多大的钻石（一箱各种大小的原石每月要付 5000 万美金），抵抗感冒的运动（轻微的抗阻力训练），童年发育期写字和打字对认知的好处的争论（铅笔行业赞助的支持写字的研究），放风筝的技巧（姿势很重要）。

但如果我们才刚认识，我不会告诉你这些，我只会问你关于你的事情。

从亲密到至交

你友善地与人攀谈，和对方变得熟悉，又兴趣盎然地了解对方的工作和激情，和他们变得亲密。随着了解加深，有些人深得你心，你想要建立长久的关系，就可以发展成至交，方法只有一个：为对方做一些重要的事。前两个过程只需要一些浅显的社交技巧，但是这个过程需要付出努力，需要付出真正的关心。对社交网中某个人的成功感兴趣，不仅让你跟他们建立珍贵的联系，也能让你更接近自己的影响力导图，因为你帮助的人也会帮助他人，而这个过程中你也能壮大至交圈。

1. 分享知识 你已经了解了他人的工作、兴趣、激情，找到与你专业领域重叠的部分，分享你的所知所学，会对他们有所启发。这件事很简单，就像把兴趣和你知道的相关内容联系起来，电邮发一篇文章，留个纸条推荐一本书，但你必须认真斟酌，分享对他人有用的内容才行。在日常的基础上，这件事并不难。

• “托德，你跟我说过你对影响商业银行的新技术很感兴趣，我最近看了比特币和区块链的白皮书，我觉得对你应该很有用，所以用邮件发给你……”

• “朱迪思，祝贺你找到新工作。随函附上我看过的一本特别棒的有关新工作的书——《创始人：新管理者如何度过第一个 90 天》。欢迎随时打电话跟我交流意见，我觉得很有用。”

• “乔丹，我刚从 Route 40 网站得到了一个高强度健身馆开业庆典送出的私教班邀请函，但我没时间去，我记得你说过你喜欢 CrossFit，想问你需不需要这张票？”

如果你的所知所学可以让你认识的某个人更成功，他们会非常感激，会珍惜与你的关系。长此以往，分享就变成互相的了，因为他们急切想要还你人情，以防你离开他们的社交圈，因为你总是跟他们说一些有意思的事，他们喜欢你。

只是要注意一件事：不要过度。助人与讨好仅一线之隔。你向新朋友推荐文章见解必须是自然随意的（“我看到了这个，想到了你”），而不是让人觉得毛骨悚然（“你说你最喜欢的作者是托尔斯泰，所以我读完了《战争与和平》，想知道你会不会喜欢，我觉得你会喜欢的！”）我最近认识了一个人，他就不怎么妥当地送了我昂贵的礼品篮，结果我同事跟我说：“恭喜你，有了第一个跟踪狂。”切记，你并不是想从对方那里得到什么，只是想帮对方。所以，装得酷点。

社交媒体是另一个和社交圈分享见解的地方。不过要注意保证自己说的有价值，能为他人带来一些新鲜有趣的东西。不要用脸书、推特等分享一些琐碎的生活细节（“好饿啊，又不能吃快餐，太难吃了！”），或者告诉别人你活得多精彩（“天呢，像我这样的人，在城市中最独一无二的聚会上做什么？”），而是分享一些他人不知道的趣闻轶事：新闻，推荐图书，启发你的事情，有见地的科学、科技、艺术等文章……如果要花时间在社交媒体上，就用来丰富你身边人的生活，而不是自我膨胀。但如果你有孩子或者狗，可以发一些他们的照片，因为所有人都想看这些。

2. 牵线搭桥 帮助人际圈里他人的一个最好的方法就是扩大他们个人的社交圈。把两个人介绍在一起做生意或交朋友，你的影响力也会变大。方式多种多样：

“杰西，我们的营销团队需要一位新的收购主任，我不知道你有没有在找工作，不过在这么棒的公司里，这个真的是个好差事……”

“艾米，你说你女儿想申请宾夕法尼亚州州立大学，我一个朋友碰巧去了那里，跟我说招生时他们的招生办非常看重论文，也青睐像你女儿那样的运动员，所以记得在申请信里写上。我朋友也很乐意跟你女儿聊聊，如果她也愿意的话……”

“安东尼、克莱尔，你们两位是我认识的非营利组织发展方面拥有超前思想的人，难以置信的是你们居然不认识彼此。我觉得你俩应该认识一下……”

事业初期，你的人际网相对较弱，所以需要特别努力来发展人际网。结识位于人际关系网中心的伙伴，比如招聘人员，向他们提供帮助。找出行业中的猎头，找出行业里担任同级职位的人，取得联系，告诉他们，你认识一群很优秀的人，总是跟你咨询工作建议，招聘人员需要助手，你可以帮他招到人，所以这样他就会存着你的电话。把猎头和求职者介绍到一起，你的人际关系网就多了两个人，而且猎头还会打电话给你，让你有更多机会来帮他。

其他一些你想结识来发展人际关系的重要人物还有：

母校校友管理人。如果要找兴趣爱好、专业技术、想法见地相同的毕业校友，他们会帮上大忙。

行业杂志记者，他们认识行业内的重要人物。你如果对这一行的看法比较独特，他们一般都很乐意私底下约你，为将来的报道积累素材（切记不要跟他们聊任何关于你公司的事情，否则你会失业的）。

业内顾问和银行家，他们认识重大决策制定者，了解行业发展趋势，知道行业内很多公司的工作机遇，他们也愿意牵线搭桥，毕竟他们一直在寻找发展新业务的视角。

社交联系者，他们经营着俱乐部、亲和团体等，吸引了有影响力的人。有时你可能会在当地读书俱乐部遇到特别有趣的人，当然，有时可能没这么好的运气。

每一次重要的牵线搭桥，都是一次社交能力的提升，帮助喜欢的人，让世界变得更美好。

3. 支持且友善 新得到一份工作，一次提升，一场胜利，或是得到认可，或是其他好运，你都会受人瞩目。邮件、推特、点赞，蜂拥而来，纷纷对你表示祝贺。有的人是为你感到开心，有的则把你的成功看成自己的机遇。遇到这些事情的时候，尽情享受，因为有些恰好相反的时刻，比如错过了工作机会，生意失败了，那你的邮箱就会很安静，只能收到真心的朋友的来信。

要决定做一个真心的朋友，那就不管对方是风光还是落败。你的朋友风光的时候需要你，落败的时候也一样需要你。

- “约翰尼，听说你辞职了，我不知道你需不需要，但我发给你的这三个猎头都还不错，尽管联系他们，就说是我发给你的。有空的话我们可以一起去喝杯咖啡。”

• “玛蒂娜，我联系你是想知道你过得怎样。听说你最近特别忙，你肯定压力很大，负担很重。我也有过相同的经历。那时，一个朋友帮我复查了日程安排，删掉了让我压力很大，但对实现目标作用不大的事情，真的很有用，让我松了一大口气！如果你也感兴趣，希望有人这么帮你，请记得我就在你身边……”

• “凯里克，我知道你想要那份工作，那份工作本该属于你。今晚喝一杯？”

当然，朋友的事业一帆风顺时，也要陪在他身边，做一个好伙伴，一个积极乐观的人，一个合格的倾听者。如果你为人风趣，就保持风趣，做人们喜欢结交的那种人。你所结交的朋友，应该是你喜欢也想看到他们成功的人。你为彼此交流付出得越多，他们就会越期待，需要建议帮助的时候也就更会想到你。这是美国几乎所有的二年级学生都知道的基本道理，然而我们却都抛之脑后，在交往上自私自利：结交有助于我们的人，只在自己需要的时候才想到他们。要真正创造生命的价值，就要去帮助他人；人际关系不断壮大，以一己之力帮助越来越多的人，在最不经意间（或者你最需要的时候），你帮助过的人也会回来帮助你。

最后，让我用一个故事来总结一下。几年前的夏天，我和妻子参加了一个室外高强度间歇训练班，我们非常喜欢。上完第一节课，我跟教练寒暄了几句，介绍了自己（“课上得太好了！我是迈克”），记住了他的名字（亚当），问了一些当教练的工作。发现他是创业者，而且我们的工作有很多共同点，我们很快就成了熟人，后来每次上完课，我们都会聊一聊。交流了几次之后，我们提议带着妻子去共进晚餐，在那之前先一起喝一杯聊聊。那次之后，我们更加了解彼此。这个新朋友刚刚成立了他的制作公司，发售了自己的新书，这两件事我都想具体了解一下，也正因此，亚当进入了我的亲密关系圈。几个礼拜后，我有一个小的视频项目需要找一家制作公司，就打电话给亚当，互惠互利。很快，他也联系我，分享了跟我俩工作相关的一个商业构想。构想进行得并不顺利，但是个不错的尝试。他的《30 秒健身》准备出版时，我知道很多同事会喜欢他的健身方法，为了让他多卖点，我建议在公司搞一场宣传。又是一次双赢。

虽然相对来说我们是新结识，但我们都积极地想方设法帮助彼此，后来成为至交。如果亚当打电话给我请求帮忙，我会毫不犹豫伸出手。纯粹因为喜欢他这个人，没有任何企图。一天晚上下了班，我俩一起小酌一杯，我发现自己不由自主给了他很多事业上的建议，他打断我，说："你知道这么多，为什么不写成书呢？你应该跟我的经纪人谈一下。"当然，我一直都有写本书——这本书——的念头，而且多年来一直在一点点收集资料。我只是没想到现在成真了。但是，成为伟大的领导者是我影响力导图的核心宗旨，这本书能帮我实现目标，所以我约了经纪人见面，然后见了出版商，现在，你看到了我的这本书。因为我投入精力了解和帮助我喜欢的人，从不说要回报。

这个方法让我收获了数不清的友谊、生意、事业机遇、社会邀约，甚至受到了总统在白宫的接见。不过，所有这些好处，都不如朋友跟我说的："您在平衡工作生活上给我的建议真的很有用，我妻子总跟我说'我不知道迈克跟你说了什么，但不管说了什么，请继续保持。'"

帮助，本身就是一种回报。令人吃惊的是，帮助他人还让你意外收获了很多人脉和机遇，有助于你和你的事业。

第十章

⟶ 如果有人问你是不是销售大王，就说："是"

> 哦，不，不，你可以做得更好，杰瑞！我想让你跟我一起说，用点心，哥们儿！嘿，鲍勃·休阁在另一条线等我呢，我打赌你能做得更好！……让我赚大钱！
>
> ——诺德·蒂德韦尔《甜心先生》

在我们的职业生涯初期，世界上的人被我们大致分成两种：销售人员和其他普通人。

对我们多数人而言，我们的销售经验多是来源于：接受机修工强卖给我们的新轮胎，抵制服装店店员劝说我们穿上店里最贵的毛衣特别好看的诱惑……我们遇到的销售人员，明确地想从我们身上获取利益，而且有各种技巧方法来达到目的。这些极端事例让销售人员看起来很贪婪、不诚实。

这个成见很不公平。销售人员如果做得好，简单来说，就是根据他人所需定制解决方案，帮助他人解决问题。当然，纠缠不休的电话推销人员是在销售，但公共卫生的倡导者、公诉人、外交官、老人护工、不愿刷牙的4岁孩子的父母，也是一种销售。销售，如果做得好，可以把人和其所需要的产品、服务、信息联系起来。销售让生活更美好。

亲爱的读者，你也在销售。你可能没有销售指标，但你会说服生意伙伴跟你合作，劝说他们管理项目，为项目投入资源，为下一次晋升努力。如果在非营利机构工作，你必须募集资金；在政界，你必须拉取选票；如果你是作家，就需要把书卖给读者。不管什么事业，要想成功，你必须擅长销售。我有机会亲自学习过，实践过，也教授过各种层次的销售。后来我发现了一个准则，可以让你总能找到最符合目标受众需要的解决方案。这个准则是对传统的宣传销售进行加工，修改后可以用在想积极影响他人决策的任何交流中。

成功的销售活动分三步：准备，宣传，建议 & 收尾。

准备

除非你非常了解他人的领域、目标与权力，否则无法解决他人的问题；精心准备精彩的展示；会面时该扮演的角色。所以，会见前，按照下面方法做好准备。

研究客户

影响行业发展的趋势是什么？分析家、记者和从业者喜闻乐见的是什么？担心的是什么？其他的竞争对手在做什么？公司的专有数据体现了什么样的行业走向？假设你想把更环保的包装材料卖给仓储公司，走进潜在客户的办公室，说“我对贵公司了解不多，这是我们的产品，对环境很好”——这对客户而言毫无价值。但是，如果研究这个行业和公司，发现行业主力军企业已经转向绿色包装材料，而且因此客户满意度和维系率显著增加，你潜在的买家有一个股东倡议进行代理投票，讨论减少 10% 的碳排放量，那你就可能需要给出具体方案来解决他们的问题。

了解目标受众的目标和动机

很多人会觉得，销售的关键在于称赞产品的所有特征和好处，这是不对的。比如你要卖给我一只猫。猫有很多神奇的地方，可以陪伴你，在生人面前很骄傲冷漠，自己会去固定地点大小便，养猫可以教会孩子有责任心，爱护动物。它们天生会捕食家里或附近的鸟类、老鼠和其他小动物，在美国44个州都是合法的。[1] 从理论上来讲，全是好处。但如果你是卖给爱动物人士，只说一遍（尤其是最后一点），你是卖不出去的。反过来，如果要卖给杂货店老板，他有一间储藏室里的奶酪快被老鼠吃了一半，那你真的应该把重点放在捕食那一点上。

在走进客户房间前，必须知道顾客或顾客群的目的，了解他们行业的挑战、机遇和目标，这才是一个好的开始。接下来，就是研究公司的哪些使命与这些人有关——企业关注的是利益增长，但某个人可能只负责成本减少。一旦了解了他们的目标，就该掌握这个人的动机。如果是金钱，那就搞清楚是什么影响他或她的奖金的多少。如果是长期的职业轨迹，那就研究一下业内的晋升依据。或者，他的动机可能是思想领导力、无私奉献、良好声誉、好奇心、出众，或者融入。研究这个人的职业档案，浏览他的社交网站，询问共同好友，就可以找到潜在顾客的动机。下表列出的是顾客的动机，以及顾客动机如何影响前文提到的环保包装材料。

客户动机	你要准备的推销说辞
不惜一切让顾客满意	"事实证明，使用环保包装材料，可以让顾客满意度和维系率提升15%。"
在提升仓库存储量上乐此不疲	"这些轻薄包装材料占据空间不足15%，增加仓库可用空间，库存管理更高效。"
实现成本降低，得到更多奖金	"我们的产品用纸量不高于30%，能使存储管理费用减少10%。"

[1] 这是真的。各位，可以打电话给国会议员求证。

客户动机	你要准备的推销说辞
提升员工留任率，获得老板认可	“我们的研究证明，采用绿能方案的公司中，员工的企业自豪率增加 20%，员工流失率也随之降低 5%。”
成为业内认可的改革创新者	“我们的第一位客户，所在行业跟您的很相似，最近被塔尔萨商会评定为具有环保意识的商业领袖。”
实现一些你们的产品无法解决的目标	取消见面，不要卖给不需要的人任何产品。既徒劳无功，也不道德。而且，如果没人需要你的产品，就换个新工作，而不是欺骗群众。

例子数不胜数，练习得越多，就越能察觉出他人的动机，也就越有助于帮助他们解决问题。了解潜在客户的目标和动机，是实现好业绩的唯一重要因素。

了解客户权力

我见过很多销售人员去拜访客户，客户已经完全动心，销售团队抑制着自己当场击掌欢呼的冲动，却听到客户说：“产品很赞，我们把你介绍给我们的代理，他们负责这些事宜及管理预算。”呃，生命又消逝了 4 个小时。除非你是跟有权拍板签字的人谈判，否则不能算是在销售。穿上舞鞋出门前，确定你的舞伴也能去舞会。

协调角色

许多销售拜访都是由你强大团队中的人员执行的，所以负责人必须确保每个人角色分明，包括：

- 核心人物：负责人，一般负责项目账目、管理会谈、制作日程和展示材料，处理后续工作。相对而言，核心人物是会谈完成的最大赢家或输家，这也是为什么他们会通宵熬夜来更换幻灯片图片库的素材，换成看起来更大牌的图片。这一章，我们假设，你是，或者有一天会是，核心人物。

• 特约专家：特约专家一般是其他部门派过来的，精通某方面的知识，比如新药物研发、计算机科学、大数据[1]、联邦储备局增加利率的计划、婴儿潮时代出生的人的消费习惯。这个人的作用是展示一两页很专业的 PPT，让客户印象深刻，最后，传递一种观点："婴儿潮时代出生的人有一半可能会买纯白色运动鞋。"出于一些合理但未讨论过的原因，这个人的着装标准可能不同，而且没有义务在会谈前寒暄。

• 初级职员："迈克，你确定我们复印了 8 份演示文稿？不，迈克，要彩印的！……迈克，安排去开会的车了吗？一辆 SUV，迈克，塔布莱 · 赛特尔来了！……迈克，一定要问到客户办公室的无线密码……我们要不要带甜甜圈？嗨，迈克，你可以去买点甜甜圈吗？"初级职员的工作烂透了，我做过。如果你也是，一定要保证做好每个细节，利用机会学习。

宣传

万事俱备。你已经做好准备，研究了你的目标受众，花了几小时制作演示文稿。现在，是最难的环节：是时候站起来进行发表了。

建立默契

实验室研究证明，人们更愿意跟自己喜欢的人做生意，就算不

[1] 专业建议：叫"大数据"比叫"数据"听起来更让人觉得很重要。但出于某种原因，其他的一些商业行话并不适用，所以避免使用"大人工智能""大社交媒体"等。

喜欢的人给的条件更优惠。所以，第一件事就是博得大家的喜欢。开会前，参会人员陆陆续续进来，会议室也准备妥当，这尴尬的几分钟对你的成功至关重要。开口宣传之前，人们已经下意识地判断他是否喜欢你，要不要认真听你发言。心理学家丹尼尔·卡尼曼说，只要看过几次候选人，人们就能预测竞选结果，而且准确率惊人。只需要看 10 秒录像，就可以准确判断这个老师的年终考评。因为人们很容易对他人做出瞬间判断，并且坚持自己的瞬间判断。所以，穿着得体，挺胸收腹，满怀信心，采用前一章讨论过的各种策略，就能从生疏到熟悉（自我介绍、记住名字、主动聊天等）。

先下手为强

一旦所有人都入座，核心人物就要宣布会议开始，掌控局面。要快速果断，这样才能让会议走上正轨，否则让其他人先开口，会议可能在你打下必要基础前陷于混乱。必要基础有：

• 只说 TIP（主题、意义和目的）：会议开始，宣布会议的主题（topic）、意义（importance）和目的（purpose）（TIP）。“今天我们主要谈一下新汽车上市，以及我们的营销方案如何有助于产品成功 [主题]。我们明白这次上市的重要意义，这是你们混合动力 SUV 的首次上市，关键是提升年轻人的家庭意识 [意义]。今天会议的目的就是定制助您成功的营销方案，分配合适人选来执行 [目的]。各位是否愿意花点时间听一下？”众人点头，就证明你前期工作做得不错，他们很喜欢你！

• 自我介绍：介绍的目标有三个——知道他们的名字，了解他们的权力，打破僵局。听着简单，但介绍很容易就跑偏。如果第一个人不止说了名字，还说了自己的生平（“嗨，我是安德鲁，在费城长大，干这一行 20 年了；之前我在……”），接下来的 20 分钟就是不停歇的个人自述——没人关心的。为防止一团糟，核心人物你必须先自我介绍："我是迈克·斯泰布，我主管团队的营销方案。"确保你的团队成员也这么介绍。正如前一章人际社交所说的，对方会用相同的方式回应你。

• 收集目标：尽管你已做好所有准备，如果你不主动问，就依然无法确定对方的期待。"开始之前，我想简单听一下您对这次会议的预期目标，确保我们的议程无误。约翰，您希望我们今天的会议中完成的事情是什么？"十有八九，客户会深化会议计划，这让你的演示陈述更可信，而且，你偶尔也会因此知道客户期望的跟你准备呈现的差在哪里，这看似是阻碍，但此时知道总比你浪费了别人几个小时后才知道要好得多。你只要相应地调整销售文稿就行。

• 议程达成共识：如果收集目标已经深化了日程，那就只要快速宣读一下，问问其他人是否有不同意见（不会有的）。如果客户目标跟你的议程不一致，那就需要调整日程。"我们今天本来准备讨论我们的品牌营销计划的，但约翰，根据你说的目标，我觉得我们可以跳过这部分，重点交流一下我们的绩效营销，有些内容附件里有，怎么样？"客户会同意的，会对你根据他的需要调整的议程感到满意，或者会重申一下自己只说了一个目标，对你最初准备的陈述颇有兴趣。这时，你只需要回到自己最初的说辞，但要对客户的其他目的保持高度敏感。

推销文稿（情境、冲突、解决方案）

你的演示文稿可能是PPT、Keynote演示、现场演示、视频、带文稿的白板图示，或者形意舞。不管采用什么手段，重点是简明扼要地做好铺垫，指出客户会遇到的挑战、问题和机遇，呈现好的解决方案，好到如果你是客户你也会放下一切去买的解决方案。如果你都不相信，你当然也无法让别人相信。

为让你的推销词更清晰，我推荐“情境（situation），冲突（complication），解决方案（resolution）”模式[1]。让我们继续用前面的案例——销售环保包装材料进行讨论。假设跟你交谈的是资深领导，他关注的是公司的总销量、销售收入和公众认知，你就可以这样准备自己的推销：

· 情境：美国人越来越关注自己的购买决定对环境的影响。

· 冲突：公司如果致力绿色环保，销量也会显著增加，而没这么做的公司则失去了市场份额。

· 解决方案：包装材料只消耗少于 30% 的木材，让您成为行业领军者，自然可以增加销量和收益。

有效的演示必须有一定的证据来支撑每一个要点。比如[2]：

情境：美国人越来越关注自己的购买决定对环境的影响。

根据谷歌搜索解析（Google Insights），过去三年，“走向绿色”“环境友好”“保护”“气候变化”的搜索率超过 30%。

60% 的选民把环保列为总统选举投支持票的首要因素。

100 美元的普通鞋子，和 125 美元可以减少 30% 碳排量的绿色鞋子，问顾客选择哪一种，多数人会选择更环保的后者。[3]

所谓机会，就是你有足够的图表、示例、数据点。而把所有的东西都一股脑展示给客户，也不对。相反，你应该按照我前面那样写出自己的推销文稿，制作演示文稿，简单地在每一页最上面用一行字总结要点，然后只在需要证明要点的图表、段落或其他证据处粘贴。

---

[1] 芭芭拉 · 明托在她一本有关交流的经典著作《金字塔原理》中提出了这一模式。我强烈推荐，因为有助于你组织自己的宣传措辞。

[2] 为准确起见，此例是为说明这一点而捏造的，我对纸板盒一无所知，我在网络公司上班。

[3] 这些统计数据是虚构的。对于那些对硬纸盒感兴趣的人来说，这本书不算好。

然后把剩余的都附在附录里，开会时在需要证据支撑或处理异议时，可以参考。

增强自信：推销的 6P 模式[1]

某大型新闻网络公司领导曾经跟我说，只要看一下竞选对手之间力陈己见的辩论，就知道谁能当选（试试吧，真的如此）。人们买“你”就跟买产品一样。如果你对自己的产品有信心，对你的推销有信心，他们就会觉得更自在，更愿意接受你的推荐。你要熟练地演示产品。有些简易策略，我用 p 开头的几个词代表，方便记忆，这都是为了你。

· 姿态（posture）：但凡普通人，当众展示就会紧张。站在不知何人发明的讲台上展示时，我们急切地想躲在什么东西的后面。因为紧张焦虑，身体姿态就会蜷缩一团，保持自我防护的姿势。耷拉着双肩，下巴收得快到胸口，姿态、手势也不见了。下意识地觉得只要自己蜷成一个球，就可以在事情更糟糕之前悄然无声地“滚”出房间。

你必须学会打破这种急迫感。肢体舒展会让与会人员觉得你声誉颇高，非常可靠。看看任何一个重要人物的演讲，你会发现相同的特点：下巴高扬，肩膀舒展，手势清晰。自信的身体姿态会让受众下意识地觉得：跟随这个人，他很有经验[2]。

· 停顿（pause）：所以，呃，你已经知道了人们急着跟那些，呃，并不成功的高级主管，呃，聊天，因为，呃，他们听起来，呃，像未

---

[1] 不要和杰罗姆·麦卡锡的 4P（价格、产品、渠道和促销）营销理论混淆。这四个方面是销售人员用来阐述或者推销某个品牌特殊的卖点的。我告诉你了在商业学校 6 个月才能学到的知识。

[2] 挺胸收腹这点对我也一样受用，如本书中大多数建议一样，都是我们 13 岁时妈妈教给我们的道理。我们要多听妈妈的话。我爱你，妈妈。

成年人？比起幻灯片，你讲话的节奏和自信能传递给听众的更多。跟公司 CEO 做个对比，CEO 讲话会更慎重、更准确。两者的主要区别在于赘词的使用，比如“呃”“嗯”“的确”。要做成功的交流者，就要练习从自己的词汇中删除这些词。关键就是讲话时，使用沉默无声的停顿，方便思考。对你，可能感觉特别奇怪，但对观众而言，他们会觉得你更慎重、更自信。试试大声说：“我们的研究发现，千禧时代的顾客都，呃……，嗯……，疑心很重。”现在再试试：“我们研究发现，千禧时代的顾客……[无声的停顿，思考]……疑心很重。”后一种听起来像是你在找合适的措辞，说明你讲的这一点很重要，因此人们更信任你，愿意买你的产品。

· 语气降调（punctuate down）。因为某些原因，有些人每说完一句话，似乎都要加上一个问号。“我们做了很多研究？发现十分之六的顾客喜欢矢车菊？所以我们应该改变包装？”要想影响众人，就必须让人听起来觉得你自己也相信。陈述句就用陈述的语气，使用降调而不是升调（除非你是在贝弗利山向一些 16 岁的花季少男少女们致祝酒词，而且真的需要用升调，比如“完全适应了吗？”）

· 准确（precision）：会议上应该惜字如金。销售菜鸟会说：“谢谢各位出席会议。呃，我知道安排这次会议并不容易，帕姆没来，但这个会议依旧精彩，对此我们非常期待。”而销售行家会说：“感谢出席，现在开始开会吧。”检查自己的演示文稿，看看还有什么可以删除的。从这一页 PPT 翻到下一页时，就是琢磨你演示的绝佳时机。与其像所有人一样说：“嗯……现在让我们转到下一张 PPT”，不如在每一页 PPT 下面备注出下一页的内容，提醒自己，在翻到下一页之前可以提前说下要点。比如“玉米成本已经持续下滑 8 个季度（翻至下页，含图表），因为全球食物供应越来越充足，而面对水力压裂技术的竞争，乙醇需求也在减少。"[1]

· 措辞恰当（proper English）：你是否说过某个东西呈几何数级增加？如果你本想说"增加了许多"，可是你却用数学方式描述增长（商业上很多时候都会这么做）。如果房间里有人大学里学的是数学，自然就会发现你的数字不可信。想说某个东西大得多时，你有没有说成"数量级大"？同样地，这位数学能手会觉得"天呢，再也不要听这个人的了"。又或者，可能出于巧合你说了很奇怪的内容，或者该用"更少"时你说成了"很少"，那么就会让名牌大学中文系出身的资深经理无法忍受。没什么，并不是只有你一个，语言滥用很常见，也会传染。然而想让自己公司的演示看起来值得信赖，让客户对你的公司、产品、服务充满信心，你就不能随波逐流。下次听到有人说"这两个话题是互相垂直的"，而你也想说"垂直"时，应该用苹果语言功能 Siri 搜索或者谷歌浏览器先查一下。[2]

· 练习（practice）：现在谈论的是练习。所有人都错误地认为，演示文稿是自己写的，自然就准备好了演示。可是要做好演示，真的需要演练。把手机放在观众席上，录下自己的推销宣传。然后回放，振作起来，接受让自己极其失望甚至有点恶心的表现，你会发现自己姿态很差，很笨拙，支支吾吾，呆板地复述幻灯片。你会听到很多"呃……""的确"，发现自己每一次演讲要说上 10 遍"极其"。要改变这些，只需要一点练习。写下最严重的错误类型，选一个，再练一遍，重点纠正这个错误。一旦这个没问题了，再练习列表里的下一个。要成为交流者，就要不断努力，只有这样才能收获众人的信任，让他们打开心扉，相信你所提供的就是适合他们的最佳解决方案。

---

[1] 我知道这都是虚构的。能不能不要纠结玉米和硬纸盒的真实情况？
[2] 垂直的：形容词，呈直角的。

观察、聆听、询问、调整

此时，你已经了解了这个行业和客户，练习了推销，让所有人认同你的目标和议程，还有技巧地呈现了自己的演讲。看看自己！可是，等一下，客户不停看时间，有点坐立不安，想离开了。不！失败！非常失败！你的推销差劲透了！

等等，现在为时不晚。找出观众走神的原因，让推销回到正轨。

· 观察：了解怎样看懂房间气氛。比起语言，人们的眼睛和肢体语言会揭露更多信息。一些信号非常明显。皱眉头，双臂交叉，双手紧紧抓住提包，搁在腿上，或者干脆没有肢体语言，说明他不赞同你说的，或者更严重，他并不喜欢你。如果一个人点头、微笑，姿势比较开放，或者身体微倾专心听你讲话，说明他颇有兴趣，一切都在正轨。还有一些信号相对不明显，比如眼神。自我介绍的时候，如果高级职员一直盯着你的笔记本电脑，说明他希望你快点开机，开始演示。如果演讲期间，有人不停地盯着屋里的其他人看，则说明他在等对方的批准。嘴角的运动也是个细微的肢体语言，可以清晰地看出某人的反应。在你讲完后，如果多数人嘴角有几秒不易察觉的微笑或者撇嘴，对仔细的观察者来说，这能说明他们是否同意或者喜欢你说的东西。甚至脚也能当信号：如果一个人双脚朝向门，说明他很想离开会议室（如果两个人站着聊天，根据他们双脚的方向，可以知道是谁想要离开）。观察观众肢体语言的小细节，会让你知道谁同意，谁反对，谁欲言又止……有一本很有趣的书，是杰勒德·尼尔伦伯格写的《如何阅人如阅书》。如果你不是核心人物，你也可以练习这个技巧：对照肢体语言，试着预测会议里哪个人的评论或问题是赞同的，哪个又是反对的。

· 聆听：讲过几次之后，你就会重复听到一些问题或反驳，对此做出快速有效的反应。很快，要回应的话张口即出，准备好无关紧要的借口去纠正他们的误解。准备好应对可能的反对意见好处多多，却也很危险，因为很可能会错误地认为此客户的问题与众人无异。

对方："我担心成本……"

你 [立即打断，用早已准备好的回答说]："我们的产品成本业内最低，比我们最有竞争力的对手还要少 10%！"

对方 [心中暗自说道]："我是说我们的生产周期中大幅改变运营的费用，你这个自大的笨蛋。"

每一个问题都应该认真思考。大多数时候，你应该在回答之前深入思考。"请告诉我你们的生产周期，以及你们现在的供应商是如何处理的。进行改变的可接受成本是多少？……你们以前是否更换过生产链中的供应商？哪些好一些，哪些差一些？"这才是销售真正成功的地方：不是说，而是听。

· 询问：销售菜鸟觉得客户没有异议或者提出刁钻的问题是好兆头，但是日后没有收到客户回信，就会倍感意外。但凡认真揣摩自己推销的人，都会充分考虑这是什么原因导致的，想清楚哪里出错。寻找问题，不断挖掘，直到听到有人反驳。面试工作时，要提升自己被录用的概率，你只能问一个问题："我们已经讨论了贵方对这个职位的要求，也说了我自己的经验能力。我是否可以问一下，对于我担此重任还有什么疑虑吗？"如此一问，你就可以发现异议，处理异议，解决面试官的疑虑。

· 调整：世上最难的一件事就是让他人承认自己错了。如果你成功了，他人很有可能不喜欢你，因为你让他觉得难堪。那么，在成功的销售中，如果对方有异议，应该如何处理？简单解释有些现状已经改变，或者新的情况已经出现。一个行之有效的模式就是"感觉——感觉到——发现"。"我明白您为何会感觉供应链上的变动代价太高。

以前有两个客户，国内供应链与您公司的十分相似，面对我们的新产品，也感觉到相同的问题。但是，他们后来发现，我们高技术个性化的客户介入团队，可以帮助他们预测和预防任何潜在干扰，结果他们的转换成本非常小，总成本节约超 10%。”你的客户没有错，他们是根据自己所知道的情况来说的，说得没错。而现在，根据当下的新情况，他们可以再正确一次。

建议 & 收尾

是时候收工回家了，这也是销售中最难、最关键的环节：收尾。假设有一家饭店，我肯定你也会喜欢，想劝你去那里吃饭。我事先调查过，发现你喜欢健康的饮食，而且每周都会跟你的另一半儿约会一次。所以我的“情境、冲突、解决方案”如下：

“我知道你一直在寻找共进晚餐的好地方。但是找到又有趣又健康的地方很难。市中心新开了一家很赞的餐厅，叫作‘Calcetines[1]’，里面有 5 道美味的主菜，热量不超过 500 卡路里，非常适合约会。你应该去！”

做得很好，不是吗？准备充分，推销有力，你可能会去的。但是，你怎么知道这家店真的好吃？好不好吃是人的主观判断，不是吗？

没关系，我们可以改进。

“我知道你一直在寻找共进晚餐的好地方。但是找到又有趣又健

---

[1] 顺便说一句，Calcetines 并不是真的，是我杜撰的。在西班牙语中 Calcetines 是袜子的意思。

康的地方很难。市中心新开了一家很赞的餐厅，叫作‘Calcetines’[1]，里面有5道美味的主菜，热量不超过500卡路里，非常适合约会。这家店被《纽约时报》评为4星级，最近的《吃货》杂志官网（Eater.com）称之为‘城里最棒的约会之夜首选’。我们的好朋友杰夫和道格上周就去了那里，赞不绝口。你应该去！”

如此一来，就好多了。下次再准备去吃饭的时候，就是一个绝佳机会。想想我们的这次对话，然后选择Calcetines，除非是你忘记了，或者莫名其妙地没了热情，或者去了其他人给你推荐的饭店。哈！

好的，让我们完成销售。

“我知道你一直在寻找共进晚餐的好地方。但是找到又有趣又健康的地方很难。市中心新开了一家很赞的餐厅，叫作‘Calcetines’，里面有5道美味的主菜，热量不超过500卡路里，非常适合约会。这家店被《纽约时报》评为4星级，最近的《吃货》杂志官网（Eater.com）称之为‘城里最棒的约会之夜首选’。我们的好朋友杰夫和道格上周就去了那里，赞不绝口。但是要提前6个月预订。我订了这周五晚上7点的两人餐，但我临时有事去不了，我想转给你，现在得告诉我你的决定，不然我就得取消预订了，你会去吗？”

猜猜怎么着？你会同意去的，因为我先让你觉得这个选择不错，又给你点急迫感让你做出选择。我的销售结束。如果想卖出去东西，就必须结束交易，方法如下。

[1] 有谁会把自己的饭店起名为袜子？

利用专家和群众[1]

牙膏广告中，一个身穿白色实验服的男士告诉你，每五个牙医中就有四个推荐使用佳洁士，广告这么拍是有讲究的。下次你去买牙膏的时候，就会被恐惧控制，生怕自己拿错牙膏，知道佳洁士有那么多专家支持推荐，你会觉得安心（当然，我们都想不到广告里的男士其实是演员，想不到每个人都能买到实验室工作服，也很显然想不到五个牙医里面还有一位认为我们不应该买佳洁士，而这些沉默的少数人到底知道什么不为人知的秘密！？）我们同样可能听从列车调度员、身着制服的交通协管员、穿着亮橘色背心的工地工人、停车指示牌、药剂师（又是白大褂）的建议与指示。我们指望专家告诉我们暑假看什么电影，什么不能穿，最新的科技趋势如何。我们习惯了听从权威，而精明的商人和销售指导利用这一点来影响大家的决策。

我们还很容易随大流，一些社会灾害比如沙基裤、卷心菜娃娃、马克瑞纳舞、潮人等，无不印证这一点。所以品牌向我们鼓吹自己粉丝无数，是同类应用中下载率最高的软件 APP，汉堡销量数以千亿计。听说别人有某个东西，我们就也想要。电视直销广告经常说："现在就拨热线，工作人员在等待接线，"但很多人打电话的时候，却听到："线路繁忙，请重试。"

可悲的是，利用这些心理把戏，不走心的演员比如麦当劳营销人员，可以操纵人们选择自己不感兴趣的东西。但是你可以合理利用这些经验，如果专家和群众的认可对你的客户很重要，那就参考专家和群众的观点，帮助他们更好地做出决定。如果桑贾伊·古普塔医生说吃维生素 D，我们可能真的会吃。如果 10 亿人都在用某个社交网络，那这个社交网络可能真的是最好用的。如果《纽约时报》、吃货网站

---

[1]《影响力》，罗伯特 · 西奥迪尼博士的重要著作，讲的就是这个话题，对所有心存抱负的领导而言，都是必读之作。本章一些建议就是受罗伯特 · 西奥迪尼博士的启发。

（Eater.com）、杰夫和道格都喜欢那家饭店，那它可能是真的好吃。分享这些看法可以让你的客户做出正确决定。

带走

第八章讨论过提高效率的一些建议，最高优先级的任务应该是紧急重要的事。你已经找到潜在客户，相信自己手里的方案有助于他或她成功。但是，众所周知，人们容易把看起来紧急的事情排在最前。每天都能看到：七折优惠——最后一天！（好像 Gap 以后再也不卖裤子一样）；售完为止！（对，你的减肥丸如此火暴，工厂生产跟不上）。要让客户有所行动，就必须跟每天纷纭杂沓的虚假急事作斗争，让自己的提议既重要又紧急。创造急迫感的方式很多，下面给几个简单的例子：

• 重要时刻：运用节省费用增加收益的策略，具有显著影响。"如果我们今天执行合同，就可以使用产品，60 天后，第四季度就可以节省数百万美元，我知道第四季度对您来说非常重要。"

• 资源到期：资源的有效激活变化不定，所以要在资源有效时充分利用。"我们的技术产品管理团队刚刚结束一个大项目，10 月份的时候又会有其他项目。如果现在合作，我们可以全情专注在当前最优先的项目上，如果推迟太久，可能要等到明年了。"

• 提议到期：可以得到某些经济利益或其他利益的时间通常都很短。"1 月底之前加入的客户，前 6 个月可以免费使用该功能。期满后，只能作为超值价套餐的一部分。"

• 先发优势：如果没有其他人用过产品，确定产品效能之前，有些人会担心而不敢采取行动。而另一些人则重视先发优势，喜欢当先锋，或者喜欢成功人士勇于尝鲜的荣誉。"我们其他团队也在行业内推广这个项目，感兴趣的人很多。如果您先购买我们的产品，就可以独家赠送您 6 个月的服务。”

• 可能不适合您：我一个朋友管理着世界最大的广告公司，我曾经跟他请教如何搞定普遍觉得刁钻的客户。他说：“告诉他你是礼节性地向他展示的，但是‘这个产品不适合他。’——他就会好奇为什么你不让他用，然后他就会特别想得到。”这个建议看似违反常理，但事实证明它行之有效。人们习惯于希望所有人都卖东西给他们，当你突然撤回不卖了，他们立马担心这个东西值得拥有，却卖给别人了。你真的可以先发制人，指明客户可能的反驳。对比下面两个例子：

○你：“我们有一款很好用的软件真的可以增加收益。”他们：“我们真的不需要第三方软件。”

○你：“你们公司很少使用第三方软件，所以向您推荐我们最重要的收益加速技术，可能意义不大，我们就谈谈咨询服务好了。”他们：“等等，如果价值定位非常吸引人，我们可以考虑，详细说说吧。”

• 哇，看你得到了什么：我只需要跟你讲个故事。我邻居有一位老人是修理手表的，一天我找他换电池。他坐在展示柜前，柜子里有上百块坏手表，多是几十年来主人送来维修后，没钱付款或者没有来领，留在店里的。我注意到柜子里有一块极其昂贵的奢华手表，表带坏了，静静地藏在一堆坏掉的卡西欧、米奇等牌子的手表里。我跟老板问起这块表，他拿出来看了看，就好像这么多年从来没注意到一样，然后只是很简单地说了句：“100 美元。”我告诉他这表很不错，为什么会在这里，是不是真货。他耸了耸肩，把表放进口袋里。我说他应该拿去鉴定一下，不过如果他仍然愿意卖，我愿意买。他依然耸了耸肩，卖给了我。我带了几个月，每天都有人夸这表不错，一个个为我有幸得到它而惊叹不已，直到我又去那家店里换电池，发现在老板的展示柜里，同样的地方，躺着同样的一块手表。这个狡猾的骗子不费吹灰之力就卖给了我一块山寨表！我不得不承认，这令我印象深刻。

你也可以在销售中创造类似的情况——希望是货真价实的产品，而不是冒牌手表——把选项摆出来，让客户发现这个产品勾起了他的兴趣。比如，假设你知道你的客户正在为拉丁美洲研发新产品，与其火力全开地推荐自己拉丁美洲的服务，不如开始总体说一下公司的业务，轻描淡写地说一句"拉丁美洲有大事发生"。客户就会让你详细讲讲，此时你在客户询问之后开始推销，比起直接展示来销售，更能勾起对方的兴趣，创造急迫感。

总是索要订单，结束后不再废话

有人问迈克·彭博（Mike Bloomberg）收到的建议中最重要的一条是什么。这个建议，帮助他成为成功的企业家、慈善家、亿万富翁，以及纽约市长，其实很简单："首先，总是索要订单。其次，当客户点头成交后，不再废话。"

任何心智健全的人都害怕被拒绝。故而，不管是买卖东西，同意新的合作期限，还是约定下次讨论的日期和议程，销售最难的地方在于走进去，请求承诺参与某个特定项目。即使是最优秀的商人也容易回答："嗯，听着很不错，我们会跟进的。"听着就像是邮件或者其他代理都可以搞定最难的部分。但是，此时你已经宣传演示完毕，再没有哪个时刻比这一分钟更能诱惑人们下单，最有可能得到承诺的时间就是此刻。所以索要订单，就产品服务、期限、送货日期、相关责任人等达成协议。说一声："就这么定了"，然后握手。

然后，知道这就完成了，知道是这么回事儿了，就抽身而退，因为多说无益，说得多会增加客户反悔的风险。你也不想发生这样的事。

“再次感谢。安，你一定会满意自己的这个决策的。我们有个客户买了这个产品的另一种版本，他就非常兴奋。”

“哦？还有另一种版本？”

“嗯，是的，不过那一款还只是测试版，没有推广售卖。”

“哦，那我们可能想等那一款完成测试后再对比一下，这一款先等等看吧，我不想错过最新最好的版本。”

啊？不！结束之后你依然在推销！下次，拿到订单，表达谢意，转身离开。

团队反馈

会议结束后的几分钟是提升你技能的绝佳机会。问问同伴对销售各个环节：准备、宣传、建议 & 收尾的意见。告诉他们你应用的具体技巧策略，请他们分享示范自己是如何用的。同样也跟团队分享你的意见，你会发现每次销售都能进步。毕竟，销售不是一些人有一些人没有的天赋，而是你可以持续习得、培养、提升的一系列技能。

至此，所有重要的销售工具和策略都在这一章讨论了，而你也已经掌握。这个技能很重要，我劝你一定要记在职业蓝图里，再读一些与销售相关的畅销图书，包括：

- 《影响力》罗伯特·西奥迪尼
- 《如何赢得朋友和影响他人》戴尔·卡耐基
- 《粘住》奇普·希思 / 丹·希思

- 《金字塔原理》芭芭拉·明托
- 《90秒内赢得好感》尼古拉斯·布斯曼
- 《不只是"我"》罗宾·迪瑞克
- 《如何阅人如阅书》杰勒德·尼尔伦伯格
- 《全新销售》丹尼尔·平克
- 《世界上最伟大的推销员》奥格·曼狄诺
- 《谈判力》威廉·尤里/罗杰·费希尔
- 《销售的科学》大卫·霍菲尔德

本书开始先让你思索想要的人生和目标，这个能够指引你。如果你的人生目标包括"为一己私利而利用他人"，那别人把这本书推荐给你，我真的觉得很遗憾。但是假设你想用自己的才能帮助他人取得成功，想推动社团、企业、行业的发展，想让世界更美好，那你就真的需要担起完善销售技术的责任。开始说服他人购买之前，确保你卖给他们的是你自己真心相信对他们有利的东西。千万不要变成老笑话中"把冰卖给爱斯基摩人"的油嘴滑舌的推销员，而是卖给他们质量上乘的防寒服。这样他们会得到温暖，而你也会睡得更香，因为你知道自己用自己的技能帮助了他人。

第十一章

每场会议都很棒

> 会议让人上瘾，让人们过于放纵，很多公司与大型组织都是习惯性开会，否则有些人可能就无事可做了。
>
> ——戴夫·巴里

上高中的时候调皮，放学后老师会让我们留下来，和其他捣乱的人一起，安静地在教室罚坐一小时，不能离开。他们把这个惩罚叫作“留堂”。成年后，我们也会这么做，只是改叫作“会议”。

本书的读者平均一个月要开62个会。通常，这些会议没什么效率，徒劳无功，毫无趣味，只是官僚阶级的义务。90%的人在会议的大部分时间要么做其他的事情，要么神游放空。

但是，会议可以很精彩。会议成就了诺曼底登陆，成就了拯救阿波罗13号任务，成就了龙卷风刮鲨鱼的电影[1]。如果会议召集的是正确的人，专注于达成同一个目标，就可以满是活力，效率很高。

作为会议主持者或者重要参与者，你可以采取一些简单的步骤，保证每次开会充分利用人才，不会浪费会议室里每个人的时间，做出影响深远的决策和行动。首先，我们关注以行动为导向的小组会议，然后就是不断循环的一对一会议，比如定期向领导汇报进度。许多前一章的内容在这里也会出现，因为内部会议的目标通常就是说服别人支持行动方案。这两章重复是有意为之，对你有益无害——一旦做到会议高效，销售有效，就可以做任何事。

---

[1]《鲨卷风3》。

小组会议

你是否参加了一个会议，前几分钟随随便便，没有定论，然后有人问道："所以，这是什么会？"没人回应，另一个人说道："呃，既然大家都来了，我觉得我们可以讨论一下……"这样的会议，没有明确的目标，是注定要失败的。遇到这样的情况，你有两个选择：浪费生命中的60分钟看同事在毫无目的的会议中摸索前行，一无所成，或者立刻拿起电话假装有人来电，超级兴奋地说些什么，比如："是吗？是男孩儿？"然后冲出房间。好好考虑一下后者。

反过来，如果是真正认真策划的会议，则是你实现工作目标最有效的工具之一。会议目标清晰且重要，角色职责明确，议程干脆利落，团队为相关事项负责，你们团结一致，可以移走一座大山。下面是一些建议，让你组织、准备、落实整个会议，让会议成为你和同伴一天中收获满满的一部分。

明确目标：TIP法[1] 正如处理必做清单时，首先要根据欲达成的目标（GIST）进行，开会时也应这么做。会议要高效，与会人员就必须了解会议主题，而且认同会议主题（topic）、主题的意义（importance）以及会议计划达成的目标（purpose）（TIP）。"大家好，本次会议的主题是减少10%的旅行费用成本，这件事很重要，因为我们本季度的收益比预计收益少了10%，我们需要减少成本来抵消。通过本次会议，能够讨论出具体的旅行成本节省方案，指定一个负责人起草新的政策办法，期望节省可节省的开支。"听到这样的话，可以肯定这个会议会收益颇丰，却又令人难过，下周的旅程一定是在又脏又乱的旅馆度过。

---

[1] 上一章讲销售会议要先下手为强时提到过TIP，这个模式法同样适用于有效的内部会议。

明确负责人 / 决策者：5 个 D 如果你被困在流沙地，附近有 10 个陌生人，这时他们一定不会救你，不是因为他们不是好人，而是因为人多了，人的责任感就会变弱。心理学家称之为“责任分散效应”，用来解释所有的集体失败，小到不打 911 帮助邻居，大到参与战争的罪行。在场的所有人都知道该怎么做，只是大家都觉得人群中其他人已经采取行动了，或者如果没有行动，一定有他的理由。工作上，责任分散效应每天都在发生：研究人员群发邮件请求协助某重要课题时，收到的回复跟单个发邮件相比，要少一半。会议中，就变成了这样子：“你知道，真的应该有人……”不可避免，没人愿意为后续行动负责。

要保证会议开完不会没有行动，方法在于：团队搞定事情的五个 D（2017 注册商标），这个简单的方法可以确保你不会眼睁睁地看着别人在流沙上丧命，你的会议和由此产生的行动任务清楚明确，权责分明。要顺利地做到这些，确保自己的会议都符合 5 个 D。

1. 直接负责人（Directly Responsible Individual） 直接负责人是项目负责人。管理项目，组织会议，安排日程，确定干系人，提出建议。任命直接负责人可以化解责任分散效应的风险，如果任务没有完成，就可以问责到人。直接负责人在会议开始时宣布会议的主题、意义和目标（TIP）[1]。

2. 基准和反对意见（Data and Dissenting Opinions） 在跨职能项目中，可以想象很多人需要负责一个部分，所以直接负责人尤为重要。于是，选择一个负责人就会产生风险，因为这不是团队集体智慧，而可能是一人独断专行。为防止这点，团队应该告知直

[1] 跟我滑稽搞笑地宣布商标相比，直接负责人 DRI 是普通名词，而且已被苹果公司应用多年。

接负责人制定决策的检验基准是什么，什么人的意见应予以考虑。如果直接负责人提议的行动遭到反对，他应该准备好让大家提出自己的看法，同时陈述如此提议的缘由。

3. 决策人（Decision Maker） 有时，直接负责人也要负责做出决策；更多时候，最终决策是有另外的人拍板，比如老板、董事会，或者融资渠道。直接负责人可以给出最终提议，但是决策人可以分配预算，命令其他部门配合。

4. 截止日期（Deadline） 一般来说，直接负责人的工作会制约组织中其他人的行动。所以，直接负责人应该收集所有可用数据和他人的看法，在某一天提出推荐的行动，而决策者就可以负责发布明确的指示。

5. 行得通吗？（Did it Work?） 如果行动方案很清晰，就很可能已经在执行方案，或者最起码不需要制定详尽的决策框架来找到解决方案。更有可能，项目很复杂，项目成功对公司意义重大，那么公司就应该追踪行动方案及决策，评估是否正确。直接负责人，作为提议的组成部分，也应该考虑到衡量提议执行期间追踪上报的标准，衡量标准的目标，以及目标未实现时应如何调整。比如，“我提议，要求所有的客户用信用卡，不要用支票，这样可以提高收回欠款的成功率。根据这一政策变动，我会每月汇报一次客户零支票付款的实施情况，确保因为政策变动而损失客户的比例低于1%，总未清余额减少50%。”

议程清晰，会议如同上了发条

会议直接负责人应该清楚地告知与会人员，他们的宝贵时间是如何用在会议上的，而且要说到做到。让会议如同时钟一样有条不紊，建议如下：

- **公布时间详细的议程** 时间是最宝贵的资源。细化会议每一分钟的安排，强化时间意识。“早上 10:05 至 10:15：阿曼达带领我们回顾当前旅行政策；早上 10:15 到 10:30：罗伯介绍考虑中的三个旅行政策，并给出分析附表，讲解这三个政策分别对成本的影响。早上 10:30 到 10:50，集体讨论辩论，然后在场每位都要谈谈自己的建议。作为直接负责人，我会记录予以考虑的问题，反馈和建议，最后敲定上报给领导的建议，让领导做最后决策。”多酷！

- **议程达成一致** 有些时候，人们来开会时有自己的目标、想法和私心。如果把议程强加于人，他们很快就会提出不相关的问题和建议，导致会议脱离正轨。你只需要重述议程，询问与会人员是否同意，这样就可以防患于未然。如果有人不同意，你可以采纳或者与对方单独会谈征得同意。“大家都对今早会议的主题、意义、目标和议程有不同意见吗？是否有需要变动的地方？好的，山姆，你说说看。”

- **5 分钟后准时开会** 人们总是做不到准时。要么是因为刚刚结束另一个会议，要么就是忘了提前上卫生间，再不然就是看一段可爱猫咪的短视频得花时间，开会时很可能会迟到。确保准时开会的妙招就是在 5 分钟后准时开会。你可以先用这 5 分钟来叙叙旧，跟同事交流一下，科学证明这也能提升效率。

- **提前 5 分钟结束会议** 如果会议要开满 1 整个小时，那么人们很可能无法赶上下一个会议，导致迟到恶性循环。安排会议提前 5 分钟结束，比如在 25 分或者 55 分的时候（除特殊情况，会议超过 55 分钟就是有悖人性的犯罪）。

• **可以的话，早点圆满结束** 会议不是为了见面叙旧55分钟，而是为了完成目标。如果45分钟就完成了任务，那就感谢每个人腾出时间开会，然后散会。要知道，有效利用他人的时间，就是最大的善意，而且能让你清楚地看到自己在做什么。快速结束会议，行之有效的一个方法就是站着开会。站着说明会议很紧急，会让大家保持机警，会让他们有一点不舒服，却让整个集体想要快点讨论出解决方案，对健康也有好处——久坐堪比吸烟。

• **制定基本规则** 如果一边开会一边玩手机或者电脑的话，人就无法专注在会议上，所以你也许会考虑禁止会上使用网络。开会时吃东西有助于提高效率，但要是有人把中午的剩饭热了热拿来吃，你可能也想管管他。如果会上需要头脑风暴，就要制定一些基本规则，比如拒绝坏主意，在白板上记录所有东西，在随后的会议中进行辩论，等等。制定符合公司文化的基本规则，提升会议专注度，可以取得最大成果。

• **纠正与会人员** 传奇人物史蒂夫·乔布斯有一点就是，如果有人对实现目标可有可无，就把他从参会名单上移除。他曾经轻描淡写地跟新来的市场主管说："我觉得这个会议不需要你，洛丽，谢谢。"只邀请实现目标必不可少的人。开会的人越多，就越不可能高效诚实地辩论。而且让缺少相关专业和权力的人参加会议，会破坏会议流程。我可以告诉你，如果开会的人超过12个，是不会有任何讨论结果的。还有，要是有人只愿意听自己讲，也不要邀请他。

• **放在自行车棚** 1957年，英国某海军历史学家套用帕金森琐碎定律解释他对委员会的观察，认为讨论重大难题时，委员们很有可能跑偏到无关紧要的讨论上，因为这些小事不难思考，辩论起来也不会造成不悦。他给了一个例子，某委员会要讨论核电站相关事宜，大部分时间却在讨论最适合员工自行车棚的材料是什么。软件工程师开会时也会出现这种情况，他们称之为"自行车棚效应"。如果你的会议中也出现类似情况，那么你就把无关紧要的议题放在“停车棚”，停车棚里是一堆超出范围的话题，团队可以选择将来重新拿出来讨论。

• **提前公布会议详情** 通过邮件把议程发送给相关人员，同时也在日历通知里标记一下。详情包括 TIP、会议负责人、与会人员。可以的话，提前分享会议材料，让参与者提前准备，提高会议效率。把会议通知标准统一，同事在看到日历的时候就能知道。比如：

会议主题：旅行政策变动决议

负责人：迈克

目的：减少 10% 的旅行成本。收集同事们对旅行政策变动的意见，上报给高层管理层（决策者）

议程：

上午 10:00–10:05：互相交流。10:05 会议准时开始。

上午 10:05–10:15：回顾当前政策——# 山姆[1]

上午 10:15–10:30：了解三种方案及其影响 # 罗伯

上午 10:30–10:50：讨论，提出建议。组织者：# 迈克

与会人员：迈克、山姆、罗伯、苏西、伊万杰琳、西雅图迈克、哈默[2]

基本规则：不可以吃有异味的加热食物（西雅图迈克！）会议前 24 小时，# 山姆通过邮件发送 PPT；请提前阅读。

---

[1] 顺手在人名前加上 #，标记相关负责人；和第六章 MTD 必做清单的追踪方法一样。

[2] 西雅图迈克是另一个也叫作迈克的人，但他来自西雅图。而哈默是一个很酷的外号。

- **预先交流会议** 完成会议目标通常需要会议室的其他人支持，他们未被说服，通常是决策制定者。其他时候，会议也有风险，因为你开会所寻求的决策，会让一些人丢掉自己的资源、权利，乃至友善。那个人常常孤军奋战，要让会议失败。会议里有一两个人意志不坚定，准备不充分，这样的会议一定很有趣，但是这绝不能解决问题。为确保成功，你可以提前和主要干系人交流一下，开诚布公地和持异议者谈一下，确保自己了解他们的看法，分享你的意见和理由，让他们有机会在会议上提出自己的观点。同样地，让忙碌的决策制定者提前了解情况，做好准备："阿曼达，附件是我们今天的讨论和建议，需要你批准后启动新的项目；你可能会听到反对的声音，他们担心新项目会打断现有销售渠道，但附件里你可以看到，我们的3份市场测试都很成功，没有造成混乱。如果开会前您有问题，随时愿意为您解答。期待周五上午10点的会议上进一步探讨。"

- **关于重申** "我只是想要重申……"这句话是公司最无用之人喜欢的开场白（你说第一次时我们就听到了，杰瑞）。对那些在会议上讲一些价值不高的争论，对实现目标没有帮助的人，不要害怕打断他们。作为会议一分子，要负责任，只说实现会议目标所必需的话；如果你已经讲清楚了，而且大家都听懂明白了，所有人都会感激你的不重复。

后续任务——搞定它

完成会议目标的最后一步，就是确立明确的后续任务，每个干系人会保证负责的后续任务。按照五个D模式，我们已经指定直接负责人和决策者，规定了截止日期，确定了需要的数据，制定了追踪检测是否行得通的标准。公布所有的行动任务，附上相关备注和说明，告知所有参加会议的人以及其他干系人。

再以上面超级无聊的旅游政策会议为例。首先，重申TIP、议程、与会人员，然后写上工作任务及备注。

8 月 27 日会议：旅行政策变动决议

负责人：迈克

目的：减少 10% 的旅行成本。收集同事们对旅行政策变动的意见，上报给高层管理层（决策者）

议程：

上午 10:00–10:05：互相交流。10:05 会议准时开始。

上午 10:05–10:15：回顾当前政策——# 山姆 *

上午 10:15–10:30：了解三种方案及其影响 # 罗伯

上午 10:30–10:50：讨论，提出建议。组织者：# 迈克

与会人员：迈克、山姆、罗伯、苏西、伊万杰琳、西雅图迈克；缺席：哈默（患流感）

备注：

○讨论了三种方案：减少旅行，同性同住一室，低价位房间

○青睐低价位房间。经济型酒店可以节省旅行 10%–15% 的总费用。团队审核了 4 家酒店，每一家都很干净安全，所以推荐这个方案。苏西担心名单上的其他酒店会无法满足要求，举了例子，进行了排除。团队达成一致。

行动任务：

○ # 迈克是整个项目的直接负责人，阿曼达（高级副总裁）为决策者。

○ # 迈克安排 2 天后与阿曼达的会议，截至：8 月 29 日

○ # 苏西审查所有经济型酒店名单，排除安全和卫生不符合标准

的酒店，写在建议函里。截至：9 月 3 日

按照这个框架，根据问责制，与会人员就知道如何明智地安排时间，开会前做好充分准备，为实现共同目标做出积极有用的贡献。在你“搞定事情”的军械库里，卓有成效的小组会议是最有力的武器之一，值得花费时间精心准备，认真执行。

与领导的一对一会议

对你事业成功影响最大的一个会议，也是你准备最不充分的一个会议，就是：与领导的一对一会议。表面上，这个会议是为了“汇报”，为了“管你”，但在开明的公司，会议是“帮助你达成目标”，虽然很多时候谈话的内容杂乱无章，无法预测。在很多公司，这被作为是例会，虽然领导总是改期或者取消。一家媒体大公司的领导曾告诉我：“我不太习惯告诉人们他们应该在周会上干什么。”还有一次，一家资产过 10 亿美元的科技公司的创始人兼 CEO 问我：“每周都和主管们开会，我应该在这些会上做什么？”这是结盟合作的大好机会，但大多数公司都浪费掉了。

因为一些根本原因，这些会议都被毁了，但要弥补也很容易。首先，关于你的领导、你、你的一对一会议，我得先说一些令人不快的事实。

- **领导很忙** 领导的邮件至少比你多 2 倍，会议也比你多 2 倍，任务清单同样比你多 2 倍。他要负责自己的业绩，负责你的业绩，负责你同事的业绩。他得达成目标，招聘人才，培训员工，解雇不合格的职员，跟整个公司的部门沟通，分享最佳方法，跟他的领导讨论，当然，他的领导比他还忙。如果他的团队有 6 个人，那他一年就要处理 300 多个一对一的周会。要是对你而言至关重要的事情，在他的清单上却是最不重要的，试着理解同情他：你的领导被工作淹没了。

• 你的领导没那么好 你的领导可能也不是好领导。90% 的领导都缺少成功管理者所需要的关键能力。而且我们的产业进步飞速，大部分领导都是新手，为跟上产业发展、公司扩大而提拔区域领导。领导的工作复杂又艰巨，但很多领导每年接受的相关培训却不足 2 小时。所以 3/4 的员工抱怨他们的领导是工作中拖后腿的那部分，有一半员工因为领导而辞职，也就不足为奇了，毕竟领导可能都不知道自己在干什么。

• 管理他人真的如芒刺在背 就算你是一个很好的同事，人人都想跟你共事，管理他人依然是一件让人真心头疼的事，所以不管你愿不愿意，你可能就是让领导痛苦的一部分原因。当你的领导因为没人帮他充分做好准备，正挣扎在这艰难的工作中，而你就在那里，没有跟他沟通清楚你目标的完成进度，因为一些本该自己解决的小事儿，打断了他的日常工作，找借口，对别人的意见不听也不理睬，却还质问他为什么还不提拔你。就算上面这些事情你一件也没做，你依然要被管理，这正如我们说的，管理他人真的是如芒刺在背。

• 你的一对一会议效率不高（目前） 如果你那可怜的无比繁忙的领导和你进行了一对一会议，想用半小时了解最新情况，但是却进展甚微——或者更惨，觉得你会制造更多问题要他来解决——他对会议毫无期待，所以每周都取消、延迟，或者压缩会议。会议缺少清晰的议程，所以他根据自己心中的轻重缓急，选择可能是任何主题的会议，而不是根据你们两个都真正关注的：实现团队目标。

不必担心，我们可以搞定。正如本书一直讲的，我们仅仅只要从目的入手，制订计划，清楚基本框架，就能搞定每周和领导激动兴奋的一对一会议。按照新的一对一会议议程，安排组织与领导的交流，浪费时间的阴云就会散去，效率的小鸟开始高歌，灿烂的阳光铺洒在你的事业上。

做好安排

让领导投入每周或每两周与你的会议上。投入很重要，但是会议的 TIP 必须充分：“主题就是规律固定的一对一会议，为确保我做着正确的事情，走着正确的道路，能够实现团队目标；意义是您的定期意见可以让我的工作效力和效果达到最大，实现团队目标；目的则是回顾目标、进度、反馈和机遇，以便做得更好，因为这些归我负责。”你，这个被管理者，就是直接负责人，每周要提出议程，做好准备，记录意见反馈和行动任务。

第一，回顾你应该为领导做的事

一对一会议中，前半个小时，让领导了解你是如何朝目标前行的，如何提出问题及顾虑，如何扫除障碍，以及如何为帮助团队达成目标而做好自己的工作的。

1. 目标！我们掌控（耶） 本书不变的主题是：任何情况，知道自己想实现的目标是成功的关键。这是明摆着的，但是数百万美国人出席会议的时候，都没有明确阐明会议要完成的重要目标。要想和领导的一对一会议有所成效，就需要重申一下会议要达成的目标：“首先，我想简要说一下第 3 季度的目标，确保所做的事情能帮助团队取得本季度成功：（1）完成森孙松的市场分析，这款新型药方毛发生长产品下季度上市[1]，并上报给高级管理层；（2）完成了解毛发生长行业所有竞争对手的情况，找出我们的产品优点，由产品研发团队签署同意；（3）创作新的辅助宣传资料，第 4 季度新产品上市时，销售团队可以使用，与市场和竞争对手对抗；（4）跟销售领导团队合作，制作客户‘常见问题’档案，请法律团队审核

---

[1] 很抱歉，这款产品也是我虚构的。

材料中所有的声明公告。在我汇报进展前，希望跟您确认一下我们的目标一致。”如此，领导就可以确认你现在做的没问题，或者指出不对的地方，便于你实时更新。这样可以避免重大的事业悲剧：你兢兢业业做的，结果是战略不再需要的，或者是领导不再关心的。

2. 朝目标迈进 大多数领导最担心的是，你搞砸了一些事情，让他的工作更艰辛。然而，沟通越到位，业绩记录越稳定，领导对你的工作的担心就越少。在一对一会议上，把已完成的工作成果和数据一起带来，证明你所处的位置，向领导展示你的进展。如果进度落后，有无法完成目标的风险，一定要清楚地说出来，然后说说自己是如何解决的。如果你认为目标无法达成，不要给领导突然袭击，早点说出来，然后请教如何弥补差距的建议。每周数据要一致，才可以有力地表明进展。比如，“为确保‘常见问题’可以及时获批，赶上产品第 4 季度上市，我需要在 9 月 15 日之前起草好 15 页文档，目前已完成 12 页，剩余 3 页一天可以完成。我计划本周五完成，然后提前一周提交审批。如果您要查看进展的话，我也带来了已完成的部分。”

3. 其他工作任务 领导经常给你安排额外的工作。领导不应该浪费时间和精力来担心你是否能够完成这些工作。记下自己的工作任务，应该完成的时候，告诉老板完成了；如果没有完成，就跟老板说说已经做好的部分，以及需要什么帮助。“上礼拜，您建议我读奇普·希思的《粘住》[1]（*Made to Stick: Why Some Ideas Survive and Others Die*），我照做了，还把所学用到了宣传材料上，把我们试验中一些难忘的故事和销售文案结合起来了。你还说让我认识了解新来的销售培训人员安迪，我跟他约了周五共进午餐。还有什么事情我漏掉了吗？”

---

[1] 顺便说一句，这是一本关于营销和交流的好书。

4. 问题解决方案 最理想的是，你可以自己解决所有问题，可是领导有时具备一些权力、见解、经验，而这些都是你成功完成任务欠缺的。一对一会议最适合你寻求所需要的建议和帮助。举例而言，“我需要法律团队审核所有的声明，但是尚未有律师派来参与工作。如果这周结束还没有找到的话，工作一定无法完成。您是否可以跟我们的律师事务所联系，请他们下周派一个人过来？”

第二，领导额外需要你做的事

在一对一会议上，腾出时间给领导，让他说一些你未将其包含在你的目标、进展和工作任务中的事情，这一点很重要。在所有一对一会议上，都增加这个环节，如此在你汇报自己的事情时，领导就会先把自己的工作放一边，因为知道一会儿会有专门的时间让他安排。领导的事情通常与你的目标和进度有关，也可能就包括在议程的第一部分。如果在谈话中，领导安排了其他的工作任务，一定要记录下来，在下次会议的第一部分就汇报进度。理所应当让老板在一对一会议上给你布置额外的工作，这是合乎情理的。

第三，意见反馈

每次回过头看我的职业生涯，我就发现，前三四年，我就是个傻子。想到那时不知道而现在知道的事情，那些年阻碍我进步的错误和无知，我就难堪不已。我认为这就是所谓的不停地奋斗进步。很遗憾，假设继续这样，三四年后，我再回首时，会惊叹现在的自己是彻头彻尾的白痴，虽然我不知道此刻自己是哪里白痴。

这简直骇人听闻，为什么持续的意见反馈如此重要：其他人比我们先看到我们的缺点和发展需求。我们毕生听到的都是我们有多聪明、多优秀、多特别、多完美，很难克制被表扬的欲望，敞开大门接受意见和改进，所以要吸收借鉴这些意见，并加以利用，需要自律谦逊。这些意见，虽然感觉很差，却能够滋养我们，让我们变得更有能力，未来表现更好。

标准的公司年终考评框架都不能及时有效地给予反馈，提出意见，我们年度总结里的意见反馈大多过时了。而且在考核时处理意见也几乎不太可能，因为我们满脑子想的都是年终考评能否让自己得到提拔。解决办法就是利用一对一会谈，从领导那里得到定期、及时、最真实的意见。

下面几个方法，可以确保领导给你应得的意见：

1. 直接询问 内心深处，我们都想招人喜欢，所以不愿意给他人提意见。跟别人说："开会的时候你只听自己说""你如果不解释自己如何用数据来制定决策，没人会相信你的结论"，或者"不要再戴那顶滑稽可笑的帽子了"，对谁都是极不舒服的。要让这件事变得轻松，不如直接询问领导的意见，告诉领导他的意见对你的事业成功非常重要，加在每周的一对一会议议程里。

2. 更高标准 对于像你这样读过这几十页如何有效开会的人，我觉得你是团队的高效率者。这样，领导就更难给你建议，毕竟你的工作比其他同辈做得好多了。这样的人经常听到的是："你做得很好，继续保持。"这对好员工就是"诅咒"，尽管好听的意见听着很舒服，却不能教会你任何东西，对你毫无价值。如果你就有此境遇，问问领导的意见，如跟比你级别高的人相比，你还差什么。如果你是副主管，那就和主管比，或者跟副总裁比。例如：

你："今天会上我们和管销售的高级副总裁一起审查了常见问题的材料，我表现得怎么样？"

领导："很好。材料很全嘛，副总裁也给了我们很多好的意见，下一步更明确了。”

你：“有什么我需要改进的吗？”

领导：“没有，继续保持。”

你：“那我可以问一下，如果优秀的副总裁做同一件事，他会怎么做？”

领导：“什么？哦，他应该不用这么多意见——他常见问题的初稿应该就很准确。但是你不必……”

你：“这个意见很不错！副总裁是如何做到第一次就没什么大问题的呢？”

领导：“如果是我，我会收集许多其他公司的材料，进行对比，找到最佳方案，也会跟一些做销售的同事，以及几个顾客朋友，一起撰写。”

你：“下次我会这么做的。谢谢您的建议。我会好好利用这些意见，把下次工作做得更好。”

内心独白：“等我将来到了那个位置，我一定会好好关照你的，领导。”

3. 措辞恰当 知道提意见会令人不悦，所以创作一个模式让别人提出意见很重要。下面两套说辞非常宝贵，可以让你问到清楚可行的意见。

“未达到”“达到”“超出”预期——你自豪地回顾自己目标实现的进展，领导说：“好的，感谢汇报。”而据你所知，他可能在想：“天呢，我们这一个月都在讨论这个目标，怎么对你就这么困难？”你可以问问领导直接的评价，了解他具体怎么想：这些未达到、达到，还是超出了您的预期？使用了这几个词，领导很难再给出含糊的评价。如果答复是“未达到”预期，你就可以趁机问问怎么改进，接受创造更好结果的方案。如果是“达到”预期，你就问问怎样可以做得更好。如果是“超出”预期，你可以说：“好的，那接下来还有什么对团队成功至关重要的工作，可以安排给我？”如果答案一直是“超出”，但你却没有更难的工作任务，就问他们要。对自己这样负责的人，也就能得到最重要的项目，提升自己在公司的形象，变得不可或缺，也就会得到相应的回报。

“停止”“开始”“继续”——跟是否实现目标一样重要的是，你如何着手行动。领导，作为定期观察你进度的人，作为更有经验的专家，在你工作中更适合指导你做得更好，工作技巧更多。为此，请领导用“停止”“开始”和“继续”来给你意见。跟别人说“我想让你停止 ______”，“请开始 ______”，不可能不说一些建设性的评论，或者问问别人“继续 ________”，不可能不指出某件事做得不错，或者某件事是个不错的进步。比如：

• 不要再发邮件问我一些微不足道的策略问题。我相信你可以做出正确决定。

• 不要再在会上讲这些消极抵抗的话；如果你不同意，就说清楚。

• 不要再用“实际上”来开始每一句话，听着像青少年。

• 开始交流得更简洁明了一些，你说了很多却没说到点上。

• 开始用图和图表阐述你的观点，这样我们可以更清楚地了解你的结论是如何得出的。

• 开始为想要的工作着装，而不是现在的工作而着装。

• 继续磨练 PPT 技术，你的幻灯片已经进步很多，看着都很赞。

• 继续团结其他部门的同事，你一直都在这么做，已经有了好队友的称号。

• 继续自愿承担更多工作，你已经成为团队中弥足珍贵的一员。

4. 记录报告 如果领导给你的指导，你都悉数接收，而且不断进步，领导会更有动力给你更多意见。正如追踪自己的目标和公开的工作任务一样，追踪意见反馈，汇报你是如何应对的，在此过程中，询问另外的意见。

8 月 1 日意见反馈："不要再发邮件问些微不足道的策略问题"。我以前平均每周发 12 封邮件，讨论之后，我每周只发 4 封，其他的全部自己搞定。不知道您是否注意到这一变化，您觉得现在我邮件里的问题是否合适？

9 月 15 日意见反馈："不要在工作时间查看脸书。"我已经安装了浏览器插件，阻拦所有的社交网站，我只是想向您保证这种事不会再发生了。

这样做还有一个好处：与领导之间的一个普通现象——如果你有个坏习惯，任何类似的事情就会立刻被发现，但你已经改正的事实却无人察觉。以第一个意见"邮件过多"为例。就算你的邮件减少了，收到你邮件的那些人，依然可能戴着有色眼镜："这个人邮件发太多了。"你的领导也不会停下来数一数，而只是想着："又一封邮件？"第二个意见，领导好多次看到你刷脸书，这激怒了他，于是临时把你和脸书事件联想在一起。就算你不再那么做了，人们也不太注意到或者记住你已改正的坏习惯。（我们会注意到别人打嗝，但是别人没打嗝的时候我们却注意不到。）把这些方面的意见，以及你采取的具体行动都说出来，可以改变领导的看法，取消对你的疑虑。

第四，畅所欲言

上面的几点对你实现职业目标，有能力在职位上成长成功，都至关重要。当这些都已经处理得达到领导和你的要求，如果时间允许，就开始一段“畅所欲言”的时间，讨论更深刻的话题——对你长远成功更有益的话题。

1. 拿走保护伞，开始头脑风暴 在议程上设置一个头脑风暴环节，可以让你自由地说出想法和问题，这些想法和问题跟你的近期目标并无关联，所以也不期望能得到答案。你可以提出对市场、技术变化、竞争对手、团队表现、团队文化等的观察，说出新的商业构想，等等，让你拥有经验丰富的专业人员的视角。挖掘集体新创意，同样可以解决当下的目标。另外，如果你热爱自己的工作领域，这些交谈也是有趣且有效的途径，可以把你和领导连接起来[1]。“五年后这一行会怎样？”……“最能改变我们行业的技术是什么？”……“您看到泽祥公司（Zaxacorp）最新上市的唯一针对社交媒体的社交焦虑药物吗？或许我们可以探讨一下，有助于我们的新产品森孙松的发布。”就像其他的议程主题一样，如果准备充分，这一部分也会特别有用。假设你想讨论最容易受到技术变化影响的大型公司是哪个，他们如何被影响，就把这些问题写在一对一会议议程上，并列出市值超1000亿美元的公司名单，等等。

2. 职业蓝图 & 职业契约

本书的核心原则在于：你是自己事业的CEO，自己制订目标计划，加以执行，实现自己生命想要的影响力。在事业发展的现今阶段，领导就是关键的干系人：他比你更有经验，人脉更广，直接影响着你的工作，能决定是否提拔你，同时所在的位置能够给你定期的指导。第四章我们已经讨论过职业契约，即被管理者与管理者的关系，被管理者完成工作，帮助团队成功，而管理者反过来给予职业指导、建议和资助[2]。问问你的领导，如果你表现优秀，能否提供这种职业

---

[1] 如果你不喜欢自己的工作，就再读一遍第一章和第二章！

[2] 我了解到职业契约是因为一个明星曾给我一本费纳的《出色领导的50条法则》，告诉我：“我想跟你结成职业契约”。听着很合理。

帮助，而且如果时间允许，能否在一对一会议上腾出一点时间，探讨一下职业问题，长期发展领域等。你可以分享一下你的影响力导图和职业蓝图，征求意见和建议。可以问问领导，在提高对计划至关重要的技能和经验上，能提供怎样的帮助？是参加课程，参加会议，旁听会议，引荐给公司内外的专家，还是参与工作项目？有时候，一对一会议上的五分钟、十分钟都可能影响巨大；还有些时候，如果有机会，可以请求一个小时进行讨论，这样你可以准备议程、目标和问题。

副业 职业蓝图上列满了各种技能和经验，都是朝目标迈进所需要获得的，其中一些还超出你当前的工作范围，是你无法胜任的一些事。在《五种非凡的职业模式》一书中，作者吉姆·西特林（Jim Citrin）从他世界顶级 CEO 招聘专员的身份，讲述成功的职业人士如何打破由来已久的“许可悖论”僵局：如果没有一定的经验，就得不到这个工作机会；而如果得不到这份工作，又积累不起相关的经验，从而得到事业发展。书中提出了各种获得额外职责的方法，比如去学校进修取得文凭，找个战略导师，获得领导支持尝试新鲜事物。我发现，对一些超出你当前技能和职责，却能让你有机会学习新事物，风险也不高的项目，如果得到领导支持，就能取得巨大成功。如果根据职业蓝图，想成为优秀的企业对企业（B2B）营销人员，就问问能否在周末参与团队重写过期的销售营销材料。想成为销售精英，就问问可否分担几宗质量不高的生意，就当练手。想培养他人的领导能力，不如在公司为新员工提供指导。在会上进行头脑风暴，讨论职业蓝图的时候，常常能萌生很多不错的副业想法。“上一周，我们讨论了社交媒体对我们产业的影响，今天，我们确定了战略是我需要完善的能力，如果我承担一个副业项目，为您提供社交媒体策略，可能会用在团队上，怎么样？我会访问专家，拜读盖伊·川崎（Guy Kawasaki）的新书，在周末制订符合我们团队需求的计划，为接下来的 8 周做准备。您觉得是否值得投入时间呢？”

如果你没有达到领导的期望，还利用领导的宝贵时间来探讨这些，只会事与愿违。只有你在领导那里的信誉库存依然满额才行：工作准时完成，目标圆满实现，与同事相处融洽，没有浪费领导的时间。在此情况下，畅所欲言的价值就不可估量，让你和领导建立融洽的关系，展现你的创意能力，推进职业蓝图发展，创造副业机会。

总结一下，下面是个一对一议程模板，可以用来向领导介绍下次会议。

8 月 15 日
我——目标，进度 & 需要的帮助——15 分钟 ○ ○ ○
您——问题，问题解决，任务委派——10 分钟 ○ ○ ○
公开任务——5 分钟 ○ ○

意见反馈——停止、开始、继续——10 分钟 ○ ○
畅所欲言——20 分钟（如时间允许） ○ ○

这个高效的与领导一对一会议框架可以确保你的目标和表现不偏离轨道，收到有用的意见，一起为你的职业发展投资。如果你能一直进行有效的一对一会议，就可以在职业生涯上赢得领导的信任、支持以及赞助。

第十二章

⟶ 干系人管理：他人即天堂

要走得快，就一个人走；要走得远，就一起走。

——非洲谚语

回忆上次没有完成任务是什么时候，我敢打赌，没完成的原因是因为别人拖后腿。

比起以前，工作变成了跨职能的，大多数项目的成功都离不开与其他人员和团队的合作，即：干系人。世界上很多龙头企业都减少甚至取消了总经理职务，只保留各种团队（销售、营销、工程、产品，等等），相互合作，不再有决策公断人。少部分公司甚至尝试把经理这个职位从公司彻底删除，让人们自我组织、自我管理[1]。

如今，他人合作失败导致自己未完成目标这个借口，已经不再被接受了。现代社会，在公司取得成功的人，都是那些知道如何有效交流，获得公司里其他同事支持的人。营销部的特雷弗可能真的很烦人，但没有他，你就无法完成工作。

在这本书中，我们已经学习了一些用得上的基本技巧。比如，提高自己的个人精力和效率，成为更重要的贡献者，就能够赢得他人的好感。人际关系发展强大，就拥有取得合作成功的关系。提高营销能力，可以让你在确定自己正确的时候说服他人。高效地主持会议，有

[1] 多数情况下，经理的存在导致了彻底混乱。

利于更好地讨论，更明确地分配任务。但所有这些技能，都不能保证跨职能工作取得成功。这一章接下来要讨论的，就是如何成为有效的管理干系人，能够协同他人，调节他人，快速查明并了解他人的观点，说清楚解决问题的途径和任务。但是首先，我们要知道为什么管理他人如此难。

人很奇怪

每个人都具有不同的个性，正是这点促成了一个完整的行业。职业生涯的某些关头，我们被逼做一些事，比如麦尔斯—布瑞格斯性格测试，说你是 ISTJ（内倾 + 感觉 + 思维 + 判断）型人格，是有逻辑、内向、重实践的决策者，喜欢明确可行的结果，注重细节和精确，时刻准备着立即行动。或者说你是 ENFP（外向 + 直觉 + 情感 + 知觉）型人格、为人外向、开放、灵活、爱幻想、顾全大局、想象新的可能性、听从直觉。如果你是前者，你会相信测试结果说的，你更适合做优秀的工厂员工，绝对不会参加聚会；如果是后者，则可能是很酷的艺术家、嬉皮士或者布朗大学的毕业生。虽然有些科学家对这些简陋的性格测试持有争议，但它们依然有可取之处，这些测试提醒我们，我们每个人都像美丽独特的雪花一样，脆弱的玻璃心可能在无意间毁掉别人的会议。

而且，我们不仅性格存在差异，每个人更是自己当时思想行为的受害者。第三章有关习惯和效率的内容，就是在了解我们的思维并非总是理性，也无法完全控制（系统 1 与系统 2）的基础上写成的。别人也是一样，但亲爱的读者，他们不像你这样知道这一点（请你们分享这本书）。20 世纪 70 年代，心理学家唐纳德·达顿（Donald Dutton）已经在实验中得出真相。实验中，男士要求走过一座吊桥，桥上一位魅力十足的女性在诱惑他们，而另一组男士要求走过街道，同样有一位女性也在诱惑他们。实验证明，走过吊桥的人更容易被吸引，因为他们错把高空紧张产生的肾上腺素，当成了浪漫的冲动使然。我们总以为自己处于某种心情中，事实并非如此。

另外，人类沟通的效率极其低下。大脑中的神经元产生一种想法，大脑把这种想法转换成语言，你再通过语言告诉他人，而这些语言含糊不清，同音词混淆，代词用错，还有像“增效”与“增值”等词义模糊的短语。然后，对方的神经元又要把你说的话转译成与你不同的想法和语境，因为他可能是 INTJ 型人格，是自由论者，或者是痛苦的大都会球迷。很少有自己的想法转换成别人的想法后，原来的意思意图毫无影响的。

这还是假设你可以很长时间专注在听别人讲的事情上，而实际上不太可能，因为科学家们估测人类的平均注意力时长为 8 秒钟。补充一句，金鱼的注意力持续时间为 9 秒。平心而论，金鱼可没有智能手机。

除了把自己的想法用他人理解的方式传达出去的功绩之外，你现在也遇到了得到他人支持的挑战，那些人的目标、动机、能力和世界观都与你不同。

或许，这就是为何让 – 保罗 · 萨特说“他人即地狱”。

然而，为了你和同事很好地得到正确的结果，有效的沟通合作还是可以做到的，也必须做到。所以，让我们搞定这一点。

停下，合作，聆听

了解他人的关键在于用心聆听。人心和沟通的局限性不是只有他人有，你也一样。其实我的经验告诉我：最聪明、最主动的人，常常觉得自己完全明白，没听完就急着回答问题，偏偏有时是最差的倾听者。这个习惯很不好，一些有能力的人却从不改正，所以对他们的事业造成了极大损失。不能真心聆听理解对方，轻则造成误解，重则让对方觉得你忽视他们，不尊重他们，所以对你不屑一顾。相反，养成积极主动、设身处地倾听的好习惯，你就会成为好的倾听者，这也是成为优秀的交流者和干系人管理者的第一步。

议程放一边 如果多数时候大家知道你要在会议中谈什么事，可谓天时地利人和；如果大家不知道，你要很快地提出来。那种只惦记个人议程的想法，会妨碍你有效地聆听他人。有时你克制着想讲话的迫不及待，却都在身体上体现出来：开始坐立不安，紧握双拳，每次别人停下喘口气你就开始讲。就这样，你一直错过在交流中投入真心去聆听的机会。为了弥补，找到机会彻底理解对方之前，有意识地把要说的话先放一边。友情提醒，练习一下身体的动作：松开双手，静静呼气，就像放开一些东西，一些阻止你充分注意他人的东西。只有你把自己的议题从脑海中清除，你才能认真聆听他人。要是担心忘了自己要说的内容，可以写在便签卡上，放在一边，等到时机合适时再用。

错了也开心 把议题放一边，就可以有学习的机会。太多时候，自我意识阻碍我们从不同的角度看待世界，因为那样可能证明我们——呃——是错的。这种“要正确”是一种阻碍，阻碍了许多聪明人的职业发展，因为他们根据自己现有的知识，冲动地接受或者拒绝所听到的信息，所以浪费了无数学习机会。这也是为什么共和党看福克斯新闻，而民主党喜欢微软全国广播公司（MSNBC）的新闻节目的原因，他们彼此几乎不了解对方是如何看世界的。反之，如果每一次交流时，你都带着求知欲去了解对方的观点，或者抱着成长的心态，认为自己可以学到东西，又或者从独特的角度看待，你就会更加理解会议的主题，发现更好的方案。如果不改变想法，就永远学不到新东西。

感同身受，予以鼓励 一旦你全神贯注地去了解他人的看法后，就不停问自己两个问题：他在说什么？为什么这么说？大多数会议里，我们会有分歧——是什么？为什么？我们也有这样的情况？我们也用一样的方法来解释？其他人的议题是什么？他们又是如何描绘自己观点的？财政部的同事可能从费用角度看待提议，而销售部的则考虑收益提升，完成销售额。在他们讲解的时候，不断点头，对每种意见表示感激，重复你所听到的内容，鼓励他们进一步详说。如果可以，真诚地说出“那真的很让人崩溃”或者“现在我知道你为什么这么着急解决了”，你也就开始赢得他人的好感。只要你做一个体贴的合作伙伴，处理问题时考虑他们的立场，你也就赢得了评价每个人看法的权利。

调查

除了认真聆听，还需要深入挖掘，了解他们想说什么，剖析他们交流的内容，更好地了解他们的顾虑或者提出的方案。综合运用这些技巧，可以让你更透彻地了解问题。

五个为什么 这是丰田创始人丰田喜一郎[1]发明的，是最有效的了解问题根源的方法，即“五个为什么”。这是分析根本原因的一种方法，成为流程改进实践的关键要素，比如六西格玛战略、精益生产等，而且通用电气还用这个方法提高了其电灯厂的效率，摩托罗拉则提高传呼机厂的效率。这个方法很简单，可以直击问题核心。假设别人告诉你：“我觉得我们需要更多销售人员。我们销路很多，但是销量从上月开始却下降了。”在进一步讨论增加几个销售人员之前，先调查一下问题的根源，问问销量为什么下降：

销量为什么下降？（为什么 #1）——因为新业务启动滞后。

为什么会那样？（为什么 #2）——团队的新业务拓广电话比上月少 30%。

---

[1] 至于他的贡献，看看车后写着他名字的车。

为什么电话少了？（为什么 #3）——正在学习采用新的销售人员管理手段，销售人员效率变得比较低。

为什么还没学会新手段？（为什么 #4）——大多数人没有得到足够的新手段使用培训。

为什么没有得到？（为什么 #5）——只有两个培训人员，已经在尽可能快地培训了，但远远不够。

太好了！问题不在于需要更多的销售人员，而是需要更多的培训人员。实际上，像 5 岁小孩被禁止继续看电视一样，不停提出“为什么”，可以让你更健谈，还能找到问题所在。我相信，不管在哪个职业阶段，这个方法都是解决问题的重要手段。

消除歧义 沟通中一个挑战就是，我们都倾向于泛泛而谈，所以别人就有无数种方法来解读，很容易就会立即反对。再者，在我们匆忙得出一个解决方案时，很容易就把所有问题混在一起。比如，下面是营销人员和开发人员之间的谈话：

营销人员：“我们的安卓应用必须改进。”

研发组长：“我们的安卓应用很好啊！都达到四星等级了，我的团队不停地在努力。”

营销人员：“可是，效果不怎么好。”

研发组长：“加载时间属行业领先水平，而且从来没死机。”

营销人员：“不会死机并不重要。”

研发组长：“那什么重要？你想要会死机的应用？”

营销人员：“我想要会推送通知的应用！”

研发组长：“你们营销人员认为更多特性是一切的关键。我们现在已经是超出能力，想把所有不错的特性构想都加上去……”

这两个人，往轻了说，浪费了彼此的30分钟；往坏了说，无法有效沟通，让彼此心生反感，破坏了未来一起合作的效果。

你工作中是不是也像这样交流的?

这些交流典型的一点是，我们把目标、策略、表现和轻重缓急混淆在一起，导致我们难以一起合作解决问题。更具挑战性的是，我们使用模棱两可的观察，含糊其辞，而不是使用精确的数据。在我们的例子中，一个人是负责弄清产品性能如何达到可靠度目标的，另一个人则想讨论战略构想，尽管此战略构想的目标是什么尚不清楚。来看下更有效的对话方式：

营销人员：“我有个想法，可以改进我们的安卓应用。”

研发组长：“真的？哇，我很乐意听听你的想法。”

营销人员：“谢谢！我一直在检查安卓应用的性能指标。对技术而言，可靠度很好，但是每个用户的访问量却达不到预期。我在想，有没有什么办法来解决这一点？”

研发组长：“我也一直有此担忧。就像用户下载了应用软件，软件运行也没问题，但是他们似乎忘了自己开始是因为喜欢哪点才下载的。”

营销人员：“我看过一篇行业报告，讲推送通知如何把用户回访率增加50%的。我们没有推送通知，如果我们也能增加50%，就可以超出用户访问量的预期目标。”

研发组长：“我会研究一下的。但我担心，那样就没有更多资源投入在产品特性开发上。”

营销人员："如果我们认为这样做没有太大作用，不值得研究，我当然不会打断你现在的产品蓝图。但是假如我们都分析了推送通知这个机会，而且都觉得作用很大，我很乐意帮忙。对比你们现在主打的方面，如果合适，我会跟你们一起提议调整当务之急，增大实现目标的机会。"

研发组长："那太好了，有你才完整。"

营销人员："看你第一眼就沦陷了。"（大笑）

嗯，最后《甜心先生》的结尾并不重要，你抓到了重点：还是一样的人，讨论的话题也一样，但是避免泛泛而谈，专注在更准确的问题和决策上，合作效率会更高。你会发现自己经常碰到相同的情况。按照下面的方法，可以让你消除他人表达观点中的歧义，有助于理解彼此的看法，讨论出解决方法。

1. 目标：我们要解决什么问题 已故经济学家西奥多·莱维特（Theodore Levitt）说过一句很有名的话："人们不是想买个四分之一英寸的钻头，而只是想要一个四分之一英寸的洞！"正如搞定事情需要先问问自己要达成的目标是什么（GIST——第八章），又如高效会议要有明确的主题、意义、目标（TIP——第十章），有效沟通开始前要重申一下准备解决的问题。如果要讨论是否该招聘更多财务工作人员，或者是要不要为餐厅买新的咖啡机，那么就不应该讨论是否需要推送通知。首先，我们要弄清交流的目标，是发挥应用软件的作用，保证财政无误，确保公司利益，还是公司所有人都出去买好喝的咖啡这一事实？基于目标，就有机会先得到每个人的支持。明白问题很重要，需要处理，打下坚实基础，探讨你心中的解决方案，或者找到更好的方案。如果无法在目标重要性上达成一致，你会发现，要把团队里的严重分歧上报给高层管理者进行调节，才有机会让他们同意你的方案。

2. 数据：用数字说话 我父亲有一句最喜欢的箴言，概括一下就是：用数字说话，让废话滚开。高效的职业人士明白，如果通过数据就能看出结论，就别浪费时间讨论“事情进展是不是顺利”，或“这个情况是不是严重”。这些数字就是关键绩效指标（KPIs），涵盖一些重要数据点，比如客户采用率、店内客流、客户平均消费额、每个客户采取的关键操作量、成本动因数目、团队效力统计，等等，可以直接推动团队成功。KPIs 中的每一项，团队都应该有目标，至少应该有历史数据，以便对比往年衡量现在的业绩。一个优秀专员（就是你）应该详细了解这些数据，知道什么影响着数据，如何交互操作。某个 KPI，比如销售总量，可能显示业绩良好，但其他指标，比如单价，或各渠道产能，却并非如此。严格处理数据，对一些笼统的结论，例如“嘿，销量很好”，你可以从其他角度进行评判，“但事实并非如此，如果增加 20% 的销售人员，增加 30% 的销售，引进占当前收益 5% 的新自助渠道，就能看出每个销售人员的收益明显地在逐年下降。”数据准确让我们交流得更有理有据，讨论出最好的结果；没有数据，我们就只是在交流看法，互联网巨头美国网景公司 CEO 吉姆·巴克斯代尔曾经说过：“有数据，就看数据，只有看法，就依我的看法。”

3. 潜在解决方案：“好，如果。” 干系人先理解了要解决的问题，花费必要时间解释相关数据后，双方自然就会讨论解决方案。有时，讨论里做的基础工作，能让所有人专注在更合理的目标上，或者通过数据发现团队偏离轨道，这些必然能排除一些原本要放在桌面上讨论的解决方案。还有些时候，会清楚地发现彼此目标不一致，或者缺少足够的数据让你真正理解问题，理解潜在的解决方案。这时，与其为这个未达成共识的根本问题争论不休，倒不如讨论一下需要达成一致的其他事宜：你会发现，目标不明确，需要在进一步行动前让更资深的干系人加入，也可能大家一致同意重新复查某些数据。通常，投入时间达成一致目标，了解数据，可以更积极地探索解决方案，包括任一方开会前就已经想到的解决方案。

可惜，潜在的解决方案，经常在想法萌芽之前，就被一大波否定的声音淹没，总有数不清的理由告诉你“不行”：没预算，没时间，没人关心，专业技能不够，竞争对手已经在做了，以前试过但没效果……不知为何，人类可以修建金字塔，可以把航天探测器发送到冥王星，却无法让律师团稍微改一下公司条款和条件。一般来说，只要你有动力，就能克服这些否定，所以不要让他们阻碍一场精彩的头脑风暴。每次迫不及待说“不，因为……”的时候，换成：“好，如果……”。客户有问题来电的时候，我们能不能提供更高级的服务？不，那需要更多人手。从头再来。好，如果事实证明投入更多客服接待人员的确有用。能否提高员工福利？不，成本太大。再来。好，如果这样能提升员工留任率，提高产能，能和成本抵消。

有时，几轮下来，某个构想最终依然无法成真，但值得尝试。世上没有什么是靠“否定”建成的。

4. 当务之急：又是……GIST 用了“好，如果……”这个方法后，想出创意十足的解决方案，在很多方面，就很简单了。大多数企业中，不缺少好的创意，缺少的是付诸实践的能力。如同管理每天有限的时间（第七章），又如同用有限的精力处理任务清单（第八章），一切事情最难的部分是确定轻重缓急。GIST 模型（目标、作用、速度、时机）同样可以用在团队项目上。已经花时间弄清问题解决的目标，一起研究了数据，数据体现出解决方案对目标的作用。接下来，就是评估执行难点，是资金，还是人力，并判断执行方案需要的速度。最后，根据与当下正在发生的事情之间的联系，得出时机，是否应该立即优先完成。如果团队手头还有其他三个项目，需要同样的付出却有更大的影响，需要在本季度末完成，那么我们可能会同意推迟刚确定的解决方案，或者同意投入更多人力物力来兼顾所有项目。反之，如果讨论的解决方案作用很大，对最高目标影响深远，需要投入的人力物力一样，甚至更少，那就是时候变更优先顺序了。

5. 后续：依然使用五个 D 为更好地掌握机遇，不管是搜集分析更多资讯，做出更好决策，还是因为一致同意优先执行新计划，都要开始后续工作。采用上一章讨论过的五个 D 方法，指定直接负责人、决策者、截止日期，确保后续工作完成。如此，这件事情就搞定了。

解释你在做什么，为什么

到此，这一章已经讨论了几个日常管理干系人不断反复的要点：倾听、讨论、找到共同基础。还有一个关键点，即根据目标，始终明确地阐述自己的工作。下面几个手段，可以助你一臂之力。

设计策略树 复习一下亨利·福特的大智慧：工作化整为零后，就没有什么是特别难的。实现目标需要成功执行一系列的计划，这些计划合在一起可以产生你想要的结果。所以，你诸多任务需要什么资源，又如何回归到目标上，他人理解这点很重要。有一个简单的方法让你充分考虑你的计划，跟他人沟通你的计划。这就是设计策略树。策略树把你的最终目标分成各种小的目标、计划和行动任务，合在一起取得成功。

具体来说，假设我们要改善美国儿童的识字能力，我们的任务就是送给每个儿童一本书，而最关键的目标是启动我们新的价值 150 万美元的儿童识字项目。现在，把目标分解，付诸行动。

策略树（以儿童识字项目为例）

目标：募集 150 万美元，支持儿童识字项目[1]（最高目标）

从何来：（二级目标，加在一起实现最高目标）：

1. 大公司赞助商募资 50 万美元
2. 政府部门募资 90 万美元
3. 社会媒体活动募资 10 万美元

如何实现每一个二级目标？

（三级目标，一起实现各个二级目标）

1. 大公司赞助商募资 50 万美元
   - 5 个新的企业赞助商
   - 每个赞助 10 万美元
2. 政府部门募资 90 万美元
   - 2 个发达州区或城市拨款
   - 每个拨款 45 万美元
3. 社会媒体活动募资 10 万美元
   - 1000 位募捐者
   - 每人捐 100 美元

[1] 不管做什么，要一直、一直、一直从要实现的目标开始着手。

一旦策略树开始分岔到足够详尽的程度，就必须验证每个子目标都合乎情理。比如下例展示的就是如何快速核实上述二级目标。

大公司赞助商募资 50 万美元

1. 5 个新的企业赞助商——董事会有 50 个可靠的客户，过去几年我们也追踪记录了将近 10% 的客户。可以实现。

2. 每个赞助 10 万美元——自 2009 年，每个公司的平均捐款为 10 万美元，希望继续保持。同时还会继续寻找更多捐款，但要继续保持历史业绩。

如此，如果每个构想都可靠，就可以开始制订计划，实现每个目标。

新的企业赞助商

- 雇佣专职开发人员
- 每周给最有潜力的 5 个捐赠公司打电话，坚持 10 周
- 锁定 10% 的潜在客户达成协议

最后，有了这些更详尽的计划，就可以制订执行计划要做的行动任务、截止日期及各直接负责人。

大公司赞助商募资 50 万美元

新的企业赞助商

- 雇用专职开发人员

☐ 确定工作职责——8 月 1 日——# 安东尼

☐ 联系人事主管——8 月 7 日——# 安东尼

☐ 制定面试指南——8 月 14 日——# 安东尼

☐ 确保 2 个理事会成员参加面试——8 月 14——# 安东尼

从最高目标开始，分解成可实现的子目标及重点计划，再转换成行动任务，就一定可以让自己和搭档朝着实现最高目标的道路前进。完成策略树以后，里面的行动任务应该按照 GIST 方法进行处理，存在 MTD 或其他的效率工具中，确定轻重缓急，付诸行动（参见第八章）。

转化成漏斗 漏斗是策略树的辅助工具。比如有销售漏斗、营销漏斗、购买漏斗、蓝莓松饼漏斗（只跟松饼产业有关），漏斗的开端是较大的潜在机会集，然后通过一系列的转换步骤不断缩小。我知道，听着很专业，下面用例子来解释。

假设你经营一家小的烘焙坊，主要销售蓝莓松饼（你觉得最新的松饼参考依据很随意）。你想增加销量，最好的方法是什么？可以先测评一下基本漏斗模型的各个步骤。每周有多少人路过你的店铺？多少人进来驻足？有多少人会买松饼？买几个松饼？这些数据构成了你的漏斗。

改进这些度量标准中的任意一个，都可以增加松饼的总销量。而仔细分析每一步，你就知道最适合改进的地方在哪里。比如说，你的店铺是在社区，人流量很少（漏斗层 1），如果漏斗第一层的潜在顾客量很少，那就很难卖出松饼。你可能得换个地方开店，或者让地段较好的转销商来帮你卖。如果客户量充足，但是到店里驻足的人很少（漏斗层 2），那你应该换一个更好的招牌，主动吆喝，把前台设计得更诱人，或者让松饼闻着更香，吸引顾客进来。如果很多人进来，但是没人买（漏斗层3），可能是店铺的陈列不科学，让人看着没胃口，或者价格太高。如果人们会买，但只买1个松饼（漏斗层4），你就有机会在付款台进行增销，或者推出特惠活动，比如买二赠一。观察同个街区其他店铺的漏斗模型，再观察其他街区松饼店的漏斗模型，就能找到自己的漏斗中比较差的环节，有机会改进的环节。

如果你真的有一家烘焙店，那这个案例真的是帮了你大忙。如果，你从事的是其他领域，你应该知道这个工具对你也非常有用。如果你是电话销售，那你的销售漏斗应该是：电话名单上的总顾客（第1层），你每天打过去的顾客数（第2层），每天接电话的顾客数（第3层），购买你产品的客户（第4层），每个客户买的产品量（第5层）。要提高销量业绩，你可以关注一下提供机会最多的那层，有些人听到让他们产生急迫感的宣传会购买（参见第十章“提议 & 结束”），增加这部分人的比例。如果是通过邮件推销产品，那你的销售漏斗则是：发送的邮件量（第1层），收到的邮件量（第2层），打开阅读的邮件量（第3层），点击链接的邮件量（第4层），点击链接购买的量（第5层）。如果发现收到的邮件很少有打开的，所以得出结论，要在主题中给出更有诱惑力的内容。

发送黄金邮件 雇用你是因为有工作需要你完成，而且你的业绩影响着大家。但凡大家有过商界经历，就明白就算一切并不怎么好，他们也习惯于听到“噢，一切都好”的说辞。结果，他们总假定是你表现太差，对小数据点反应过激，在关键时刻不停地打断你。所以要想成功，一样要管理参与者。每周、每两周，乃至每月，发一封简短的邮件，说清楚所有人需要知道的信息，信息要真实明确，对你的承诺负责，就能得到同事的好感和信任，让你成功。黄金邮件直截了当，告诉参与者下面五项内容（可以顺便让他们知道你——我的朋友，很酷）

1. 目标——依然从目标开始着手。你绝对不会希望在季度结束你成功完成目标时，有人却说你并没有成功，因为他并不认同这个目标。所以，只要有机会，就重申你的目标，然后借此确保每一次陈述演示、每一个进度报告，都紧扣目标。例：

第二季度目标："我们的目标是本季度在专卖店卖出 100 辆汽车，销售额达 100 万美元。为实现目标，需要有 500 个人来专卖店参观，成交率达 20%，而平均每辆车卖出的价格为 1 万美元。"

2. KPI 步调——干系人也应该了解你的关键绩效指标。如果他们达到指标，预示着你能够实现最高目标。所以，你应该在邮件中附上策略树或者漏斗模型，讲清楚为何选择这些关键绩效指标。整个季度，不可以取消或者变动绩效指标，就算你为了增加清晰透明度，想在报告期内加上其他的绩效指标也不行，因为这样做如同移走球赛中的球门柱。

黄金邮件应说明，根据 KPIs 指标，本月或本季度的这一天的预期业绩。如果 KPI 要求卖出 90 件商品，本季度还有 30 天结束，那么现在预期的步调就是 30。根据预期业绩分配成实际业绩，而你的实际业绩则体现出当前你目标完成进度的百分比。如果你从事的行业某些方面受季节影响，比如季度最后一个月的销量最佳，就可以根据季节调整步调和业绩，参考下面的图表为例。

第二季度 KPI	预期直线步调（至 3 月 15 日）[1]	根据季节调整步调[2]	实际业绩	目标完成百分比[3]
专卖店客流量：500	250	200	160	80%

[1] 本季度已过天数除以 90，再乘以 KPI，即可得到预期直线步调。

[2] 去年此日期前业绩除以本季度业绩，即可得出季节调整比率。再乘以 KPI，即可得到根据季节调整的预期步调。

[3] 实际业绩除以根据解决调整的预期步调，如果超出 100%，则说明进展顺利，反之，则说明有问题。

第二季度 KPI	预期直线步调(至3月15日）	根据季节调整步调	实际业绩	目标完成百分比
成交率：20%	20%	20%	20%	100%
售出车辆：100	50	40	32	80%
均价：1万美元	1万美元	1万美元	9千美元	90%
总销售额：100万美元	50万美元	40万美元	28.8万美元	72%

通常，数据理想时，干系人收到邮件就知道一切顺利。有些时候，数据落后进度，你绝不可以含糊其辞掩盖数字——如果干系人从其他地方发现进度滞后，会严重影响你的信用和诚信。你可以解释为什么会这样，有什么应对计划，请对方提出意见反馈，提供支援。

3. 你做了什么——这里，你要说明你做了些什么。从更高层面上，从上次沟通，到对 KPIs 的影响。

“本月，我们为基层代表进行了强化销售培训，以此提高成交率，自上次沟通，已经完成5%。感谢吉娜团队的全力支持。”

“售价9千美元的车型库存增加了10%，以满足对低成本型号的高需求。这有助于成交率的完成，只是不利于每辆车的均价。”

4. 你正在做什么——这部分，要承认残酷的现实，制订计划解决问题：

“我们的首要问题在于，本季度专卖店客流量出奇地低，季度调整的预期业绩只完成了80%。本周，我们向市场推出数字广告和平面广告，希望客流量增加40%。如果该计划能产生预期的效果，就可以完成访客流目标。”

“第二个问题是，高价车型销量较差。新的营销活动主要针对SUV、卡车和豪华轿车，平均价格高出50%。对这种行销策略的作用经验有限，接下来2周会持续追踪数据，评估是否可以成功赶上本季度应有的进度。行销活动已含在本季度预算内，我承认应该早点推出的，未来的销售中会谨记教训。”

5. 你需要什么——有时，通过邮件告知干系人你需要什么东西来取得成功是合适的；还有些时候，可能更适合在跟领导一对一面谈时，或者在其他场合提出。如果可行，可以提出请求，寻求帮助：

“由于启动较慢，本季度有一个相当大的风险。我想增加额外红利，激励加班加点的团队销售，可能本季度薪酬预算要高出2%。我觉得这么做是应该的，需要征求管理部门和财政部门的意见，如果可行，需要他们支持。”

就这样。如果你的节奏对了，一封黄金邮件只需要不到半个小时的时间，却能理清本周的想法和规划。干系人会知道你当前的进度，为改善进度做了些什么，他们应该如何给予帮助。做得好的话，同样可以省去和领导面对面汇报业绩和主要任务的时间，让你有更多时间用来训练、反馈，进行头脑风暴。

练习本章的技巧，成为更好的聆听者、合作者、交流者，就能够更好地赢得队友和领导的信任与好感，得到实现目标和未来晋升的必要条件。养成这些习惯，可能需要系统2的努力，但是值得如此。

下面，我们会讨论，在你朝着人生使命迈进的过程中，如何应对工作及工作中的压力。

第五篇

风采依旧：享受旅程

通往非凡事业和人生的路上收获颇丰，但却充满艰难险阻。路上随处可见各种挑战，可能因此面临影响健康的压力、不满，甚至忧愁。这一部分，我们会探索一些行之有效的方法，预防压力、治愈压力，享受伟大征程中的每一天。

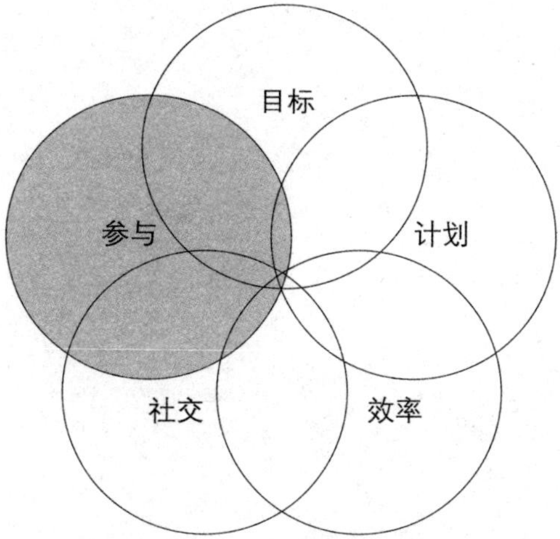

第十三章

⟶ 别担心，要开心

就像图派克（2Pac）歌中唱的：最好的时候就是我出现的时候。

——声名狼藉先生（Biggie Smalls, *Notorious*）

压力很大。

还有三个礼拜就要交稿给出版商了，我必须写完这一章，还要全部检查一遍。而时间只有三个礼拜（可能对你们而言无法理解，毕竟我以前从来没有出过书）。

自不必提，今天的工作更折磨人，要开10个小时的高强度会议，做无数艰难的决定。口袋便签卡上，写着这个月额外的工作，脑海里一个声音不停盘问自己是否确定能做好工作。

我打赌，你亦有此感受。可能，现在就有这样的感受。

一条是轻松平坦很多人走的路，一条是抱负不凡、志向远大的路，你选择了后者。你选择困难的工作，深思熟虑，为更大的目标拼搏，不会放弃……这些对你都是考验。总有些时候，你觉得筋疲力尽，自信心支离破碎。

泰迪·罗斯福（Teddy Roosevelt）说过：“生命最大的奖赏，无疑是有机会去为值得做的事情努力。”

但是他却忘记了，有些日子真的糟糕透顶。

不过，日子不会总是糟糕，起码不会糟糕很久。这本书并不是让你成为宏伟志向的奴隶。之所以设定目标，制订计划，追求伟大事业，是因为你可以为他人、为自己创造幸福和成就感。

良好的习惯让我们积极向上、快乐地生活。得益于积极心理学领域的蓬勃发展，我们比以往更了解能够塑造世界观、处世态度、满足感和幸福感的思想与行动。

知名幸福研究员肖恩·埃科尔（Shawn Achor）指出，90% 的幸福并非取决于我们拥有什么、想要什么，而是我们如何看待这个世界。幸福感不是宇宙强加于我们的不可抗力，而是大脑对发生在我们身边事物的处理。根据我们怎样思考和行动，大脑分泌混合的化学物质，科学家发现这些物质让我们感到快乐：多巴胺，控制着大脑的奖赏中枢和愉悦中枢，给予我们实现目标的动力和奖励；血清素，管理情绪和其他主要功能；内啡肽，缓解疼痛焦虑，通过运动或大笑可以刺激分泌，还有研究说巧克力也可以促进人体分泌这种物质；催产素，让我们对所爱之人产生满足感、依恋感。科学和医学的复杂分支超乎想象，这里只是简单粗略地解释，但是却说明了很重要的一点：我们感到激动和失落，并不是因为发生的事情，而是因为给大脑发射了信号，告诉大脑是时候分泌某种化学物质了。

当然，生命中的确有一些任何人都无法承受的大灾难：严重的健康问题，或者失去挚爱之人。这些，我无法帮你，而接下来的秘诀也都不是应对悲剧的。我们关注的焦点，是占据生活的日常压力，是可以通过控制大脑处理的方式予以解决的。养成业已证明能让我们积极解读世界的习惯，运用应对挑战和处理压力的技巧，执着于与幸福生活密切相关的抉择，如此，就可以在压力中茁壮成长。来看一下吧！

先培养积极心态

要增强自己整体的积极性、幸福感、抗逆能力，可以从下面几件小事做起。

睡眠 之前已经讨论过睡眠对效率的深远影响。可能你依然不相信，没有按时睡觉，也没有认真思索良好睡眠对积极心态的重要影响。缺乏睡眠会抑制海马体，程度远超过对杏仁体的抑制。大脑海马体主要负责正面积极开心的记忆，杏仁体则处理负面记忆。为了证明这点，加利福尼亚大学伯克利分校的马修·沃克博士（Dr. Matthew Walker）做了一项研究，要求一组睡眠困乏的大学生记忆一组单词，有些词是好的联想，比如“阳光”，另一些则相反，比如“癌症”。受试学生记住了81%的负面词汇，而正面词汇只记住了31%。这就是为什么疲惫的时候，你也是名副其实的“黛比·唐纳（Debbie Downer）”。

运动 呃，又是这个？是的！研究证明，运动可以缓解焦虑抑郁。一只好斗的老鼠（很可能就是“公司一员”）总是欺凌其他小老鼠，如果后者不运动，就会呈现极大的负面心理，但如果运动，就不会有任何不良心理。运动可以促进血清素和内啡肽分泌，改善情绪。知名跑者蒙特·戴维斯（Monte Davis）说过：“要在跑步时为自己感到难过，真的很难。”

微笑 如果让你画出外界刺激与面部反应之间的因果关系，多数人都会这么画：

{发生好事}☞{开心}☞{微笑}

或者

{发生坏事}☞{不开心}☞{皱眉}

事实证明，很多时候，这一过程是相反的。1988年有一场具有划时代意义的实验，著名心理学家弗里茨·斯特拉克（Fritz Strack）让受试者观看动画片，看完之后汇报自己从中感到的快乐。其中一组受试者还要用牙齿咬住铅笔，人为地制造出笑容。结果证明，跟没有被强迫制造笑容的人相比，这些人更快乐。还有一个实验，也为了证明这一点，要求受试者评价一些悲伤的照片。一部分受试者需要把两颗高尔夫球钉夹在眉毛中间，制造出难过的面容。在评估照片时，这些因夹着高尔夫球钉不得不皱眉的人看到照片觉得更难过。微笑让你开心，皱眉让你悲伤。

研究人员（和更招人喜爱的星巴克咖啡师）也已经证明，你对他人微笑，他人也会回应你的微笑，如此产生微笑的良性循环，更容易积极乐观。在创新性思维测验中，微笑的人会更有创意，皱眉的人则相应缺乏创意。还有研究声称，笑得越多，活得越久。所以，要让自己思想更积极，社交更良好、更成功，就要多说“茄子”！

表达感谢 学会感恩，表达谢意，同样能让你正视压力，在生活中找寻更快乐的平衡。2003 年有一个实验，要求研究对象记录自己感激的事情，为时 3 周。实验证明，这些人更幸福，对生活更积极乐观，睡眠更好，更愿意运动，比研究中的其他人更能做好工作。

练习感恩，可以每天花 2 分钟，记下让你感动的几件事。有很多 App 应用可以用：简单大方的 5 分钟日志（Five Minute Journal），每天记录 3 件感恩之事，3 个目标，添加图片；简易日志应用 vJournal，可以和 Evernote 自动同步。再简单点，你也可以在晚上睡觉前或清晨醒来时，在脑子里想一下，提醒自己“我有一份前途无量的工作”“我的发型不错”“我生活在最富裕的国家，每天赚的钱，只要花一点就能换来三明治”。这样一来，“要处理的邮件太多了”“洗发水用完了”“我要特别强调一下三明治上不要蛋黄酱！”这些事情就不恐怖了。

睡眠、运动、微笑、表达谢意，这些简单的小事，都能让你积极乐观，培养自己的情绪抗逆力，面对生活中不可避免的挑战和小失望。在这些好习惯上投资，会得到巨大回报。在你最忙碌、压力最大的时候，你会觉得自己没时间培养这些习惯，但是记住甘地说过，如果他的顾问告诉他这天太忙无法冥想 4 个小时，他会说“好吧，如果是这样，那我就留出 2 个小时冥想”。

压力应对策略

如果不对压力进行管理，简直可以杀死人。压力会让身体产生战斗或逃跑反应，引起肾上腺素和皮质醇激增。慢性压力产生皮质醇，最终皮质醇脱敏限制了人体调节炎症的能力，产生动脉斑块，进而导致中风及心脏疾病。压力还会引起染色体不规则，轻则头发变白，重则出现恶性肿瘤。压力过大让人专注力变差、效率低下、理不清轻重缓急、健忘、通常很招人烦。

好消息是，压力可以加以利用，所以不仅不会危害健康，而且还能让你表现更佳，效率更高。这些，完全取决于压力来临时你如何管理压力。如上文所说，充沛的精力，积极的习惯，都能增加你应对压力的能力。下面一些技巧可以帮助你化压力为效力。

视压力为兴奋剂 你是否留意过，在最能工作的时候，比如项目截止日期刚刚过去，你工作反而完成得不多？没有了“巨大成果”的压力，你的注意力和动力似乎也在衰退。所以，经验丰富的经理总是信奉“要想效率高，就把事情交给忙人做”。最糟糕的时候，十足的压力会影响我们的表现，而一点点的紧迫感让我们效率更高。

研究人员已经证明了这一点，他们抑制老鼠，断断续续地施加压力。2 周后，这些老鼠的海马体中有更多神经细胞，比毫无压力的老鼠精神更好。叶克斯 – 多德逊法则也明确说明了这一点：表现水平随着唤醒水平而增加，但只会加到某个固定点，超过这个点，表现就会下降。也就是说，如果压力没有淹没你，就可以让你在工作上表现得更突出。

压力和好结果之间的关系违背常理，从死亡率上也体现出这一点。健康心理学家凯利 · 麦格尼格尔（Kelly McGonigal）指出，在早些年遭遇巨大压力的人其死亡风险高出一般人 43%。但是，有些人认为压力是正面积极的，是催化剂，这些人的死亡风险并未增加。

和压力建立积极的关系，可以让自己待在叶克斯 – 多德逊曲线的最佳范围内，保持健康，享受压力，而不总是崩溃。所以，压力来临时，留意是什么压力，提醒自己利用压力，可以让自己表现得更好，必要时可以使用下面的方法。

养精蓄锐伺机再战 想一下让你过度紧张的事情：就要到来的截止日期？苛刻的老板？棘手的关系？岌岌可危的职业目标？为什么让你觉得有压力？可能是因为你要努力，希望工作有所成就——在学校和职业之间，你已经付出了上万个小时的努力。可能，是成果本身让你焦虑。“要是没赶上截止日期怎么办？要是我没完成目标怎么办？要是我失败了怎么办？”是这样的声音让你焦虑。你是胜者，一想到失败，你甚至会反胃。托尼·罗宾斯（Tony Robbins）说：“压力，是A型人格害怕的说辞。”

某种程度上，压力是好事。成功的动力让你早早起床，让你比没有动力的人更努力。但是太关注结果，本可以推动表现的压力开始变成不可控制的焦虑；睡眠变差，极易分神，无法分清主次，而压力又让不良现状产生恶性循环。当这些困扰开始闯入，可以这样想：假设你要在截止日期前完成一个重要的分析报告，交给老板。把截止日期想象成一个圆圈，如图：

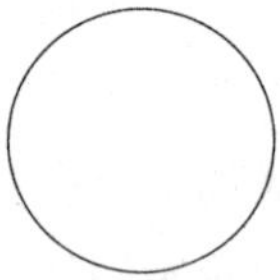

有两种结果：在截止日期前顺利完成，或者没赶上截止日期。如果是前者，回想起来，所有事情都得以解决，你迎头赶上，顺利完成很不错，你没有理由再焦虑担心。和往常一样，你做到了。但如果是后者——啊噢！把如期完工画成浅色的圆圈，表示结果很好，而错过日期画成深色的圆圈，表示结果不好，如图：

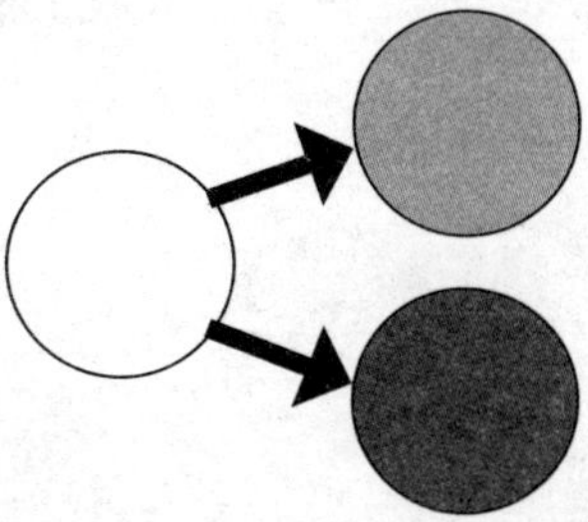

对深色圆圈的恐惧才是你溃疡的罪魁祸首。假设真的发生了——你没赶上截止日期。这是一条坏消息。但是，应该承认，你并不会因此丧命，所以对你而言，绝非终点。接下来会发生什么？要做些什么进行弥补，比如申请延期，下一个项目里有所改善，或者进行另外的安排……也或者，你什么都不做。如果进行弥补，一切都好，你没什么好担忧的，就可以得到下一个浅色圆圈，表明一切顺利。但如果没有成功挽救呢？

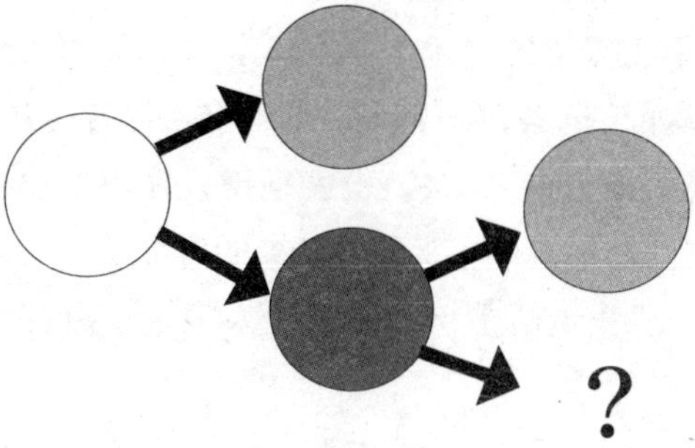

继续做完。如果没赶上截止日期，你也没有挽救，那老板就会憎恨你，不久之后，你会被炒鱿鱼（又一个深色圆圈）。现在，有两个结果：很快找到新工作，在这次反常的失败后重新开始迈向成功，或者无法迅速得到另一份好工作。失业了几个月，结果有两个：趁此机会开始生命的新篇章，或者再没有从中恢复，要么流落街头，美好前程就此终结，要么成为啃老一族，再没有体验过曾经是生命中的成功。

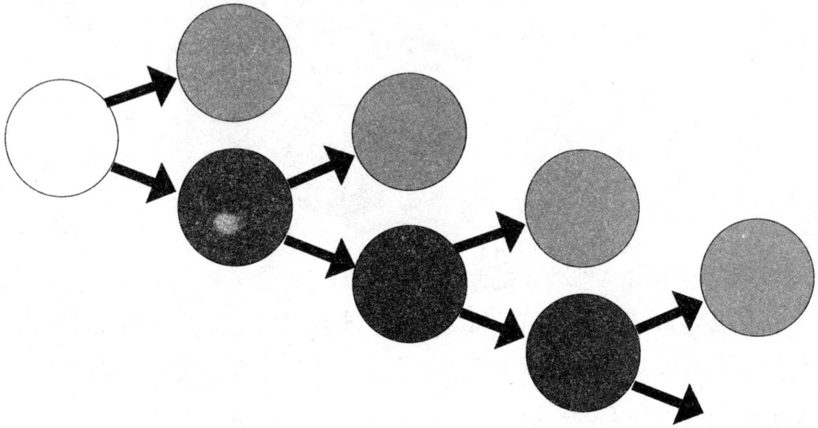

我费了好大功夫，想象你错过下周的截止日期，以寄居父母篱下而告终。越往链条下面，越可能是坏结局。而现在，我们面前最大的深色圆圈——可能赶不上截止日期——能引领我们来到让自己不开心、没效率、不健康的焦虑点。我们忘记了，就算失败，最可能的结局也是成功。如果链条每步都是一种可能性，我相信你会发现即使最糟糕的结局概率也少于1%。也就是说，你根本没必要焦虑，你先入为主，让自己的不幸高于那不到1%的可能性。马克·吐温（Mark Twain）说过："我生活中担心的问题太多了，但这些问题大多没有发生过。"

那如果链条下面不太可能发生的恐怖事件真的发生了呢？1978年一份常被引用的某研究中，研究人员采访了脊髓损伤患者和彩票中奖者，测试这两种极端的结局对个人幸福的影响，结果发现，前者的幸福感只比后者低了一点点。很显然，就算最不幸的事或者最幸运的事真的发生，我们也可以适应新的现实，适应眼前新的浅色和深色圆圈。

所以，设定伟大目标，努力奋斗，不要再担心失败。你很可能不会失败。而且，就算失败了，你也会快速恢复。就算万分之一的可能让你无法恢复，你依然可以活得很好。

像乐天派一样思考 有一位喜剧演员说过一段很赞的话。他谴责人们抱怨航班延误，抱怨电信覆盖范围，他说人们应该感激这些奇迹，让我们飞上天际，感激“最遭唾弃的电话更是世界的奇迹。”他说得对。通常，毁掉每一天的，并非痢疾或绑架，而是没完没了的糟糕会议、可恶的航班延误。事实证明，不对身边事心存感激，反而沉溺于生活的小失望中，就是压力和不幸的根源。

积极心理学领军人物马丁·塞利格曼（Martin Seligman）博士在20世纪60年代做过一系列实验，至今依然盛名远扬。实验中，对小狗进行痛苦的电击实验，有的小狗会用头抵住线板阻止电击，而另一些则不会。随后，这些小狗被移到另一个实验室，要避免电击，需要跳过阻隔体。在之前实验中阻止电击的小狗这次很快学会如何跳过阻隔体，而剩下的小狗这次甚至都不尝试逃脱，开始出现沮丧、社交焦虑等症状。塞利格曼博士称之为“习得性无助”。更重要的是，他发现，再次进行实验，让小狗先学会如何避免电击后，再放到无法避免电击的环境中，它们从未停止尝试。先教会它们避免电击，他们会变得乐观，将来就不会出现习得性无助。

塞利格曼毕生都在证明，相较悲观心态，乐观心态对我们的成功和幸福更有利，也证明了一个人谈论身边事的方式决定了他是乐观主义者还是悲观主义者。他声称，认为消极结果是永久状况的那些人，比如“我总是不擅长陈述介绍”，或者“你从不回我电话”，更容易感到沮丧无助。而那些把消极结果看成暂时状况的人，比如“我今天的陈述介绍做得不太好”，或“你最近都没回我电话”，则不太会感到沮丧无助。同样地，把积极结果当成永久状况（“我总是很幸运”），而不是暂时状况（“我觉得只有这次我很幸运”）的人，更容易保持乐观。不管怎么看待表扬和责备，效果相同：成功归为内在因素（“我赢得了提拔”）和归为外在因素（“老板决定提拔我”）都能产生积极心理；而把失败归为内在因素（“我无法让他爱我”）和归为外在因素（“他没准备好爱我”），都让我们觉得消极。

心态乐观好处多多。肖恩·埃科尔说乐观心态的人效率高出常人31%，乐观人士的销售业绩要高出常人37%，而乐观的医生诊断更准确，诊断速度还快19%。乐观的人在挫折面前恢复得更快，而悲观的人则变得无助。

所有这些，都是为了告诉你，开心不开心全凭你决定。是要把办公室繁忙的一周工作当成负担，还是看作拥有令人兴奋又充满挑战工作的幸运？是要把无聊的会议当成恼人的挫败，还是看作放松心情、理清头绪的难得机会？下一次还会崩溃吗？觉得整个世界都压在你肩上，人人对你习以为常，还是感激你对他人而言很重要？

明天早上，当第一个人找你帮忙时，尝试把上面学到的加以运用。你可以选用广受欢迎的互相抱怨：

“今天怎么样？”

“很忙，你呢？”

“忙死了。简直了。”

“谢天谢地明天就周五了。”

或者你也可以为自己和身边人设定积极的基调：

“今天怎么样？”

“很赞！一个大项目明天就截止了。超级兴奋，学到了好多。你呢？”

“哦，我也有挺多工作正顺利进行呢。”

“你真棒！我知道他们为什么离不开你了。”

我保证，后面两个人接下来的时间，那些本来带给他们压力的事情，会跟他们建立不同的关系，更积极乐观的关系。

人生选择：消除紧张，变得快乐

一生中，你有无数选择可以提高你对生活的整体满意度。

做一个“知足者”，对自己所选感到开心 商品发展和大众化营销创造的数万亿美元阴谋策划者，让我们相信所买商品一点点的性能优化和与众不同之处都可以让人开心。在我们生活的国度，跑步鞋款型成千上万，微酿啤酒品类任你挑选，没人质疑是不是越多越好。事实证明，并非越多就越好。

首先，选择太多容易让人无法做出选择。哥伦比亚大学心理学家希娜·艾扬格（Sheena Iyengar）进行了两个实验，向人们推销一种美味的果酱：一个实验中，受试者可以从 6 种果酱中选择一种购买，而另一个实验里，受试者要从 24 种果酱中选择一种。当果酱种类翻了 4 倍，人们做出选择的可能性就降低了 10 倍。不知怎的，一开始想买果酱的人，看到了太多果酱选项时，会想“哈！我晕……”，结果什么果酱也没买。这很疯狂。按照这种思维，再想下当今这代人，因为 Tinder、Match 以及其他的一些交友应用软件，拥有数不清的爱情选项，却似乎总找不到对的人。阿齐兹·安萨里（Aziz Ansari）在他的《摩登浪漫》一书中描述了这一现象，结合线上约会和果酱实验：“你难道不明白是怎么回事吗？果酱选项太多了！如果你跟其中一种果酱约会，你甚至都无法专情于此，因为你上个厕所的工夫，就会有其他三种果酱发信息给你，一旦上线，你会看到更多的果酱。”

大脑用幸福作为工具来控制我们——我们一旦从新鲜事物中获取幸福，大脑就会吸收这种幸福，重设幸福的基准。如此，新买的那辆号称象征社会地位不可动摇、高达 320 马力的汽车，只是又一个归我们所有的物件儿罢了。激励我们奋斗数夜的职位晋升，很快也只是我们期待再次晋升的一个环节而已。与有魅力的这个人约会，也会用来跟另一个人的约会一较高下。

心理学家丹·吉尔伯特（Dan Gilbert）的实验证明了这一点。实验邀请一组大学生参加免费的摄影课程。其中一半学生被告知只能保留自己拍摄照片的一张且不可更换，而另一半学生也可以保留一张，但允许他们改变主意换一张，可以回来交换。结果，拥有更多选项、可以改变主意的后者，远没有只能选择一次的前者感到更开心。那些更换照片的人，心理上并没有忠于自己选择，而是不停怀疑自己的决定是错误的。而只有一次选择机会的学生，则得益于大脑适应环境的本能。

另一位心理学家巴里·施瓦茨（Barry Schwartz）通过测验判断某人是“极致者（maximizer）”——对自己的决定感到痛苦，总想做出完美抉择；还是“知足者（satisfizer）”——得到满足需求的东西后就不再张望。如果不管怎样，你都对自己的 42 寸高清电视很满意，那你也许就是知足者；而如果因为不停更新的顾客评论、技术参数和对比度而痛苦不已，那你就是极致者。施瓦茨博士发现极致者总害怕后悔自己的选择，为错误决策自责不已，更消极悲观。而知足者，对自己的选择很满意，不会浪费时间为《消费者报告》或在线用户评论而烦恼不已。

所以，快点决定，iPhone 最新款你是要黑色还是玫瑰金？你有 5 秒钟的时间可以决定，5……4……3……2……1……好消息：如果你很快做出了满意的选择，那你选的就是大脑最终说服你你更喜欢的颜色。再比如，一个新的工作机会就在手边，要不要抓住呢？放长远点，理清头绪，假设自己此时待业，面前摆着现在的工作和那份新工作，哪一个更符合你的价值观？哪一个更能满足职业规划中的关键因素？

不管选择哪一个，都可能是最适合你的那一个。

我特别讨厌用这个听起来像标签一样杜撰的词，但一旦你使用了“满意策略（satisfice）”，你真的会更幸福。

活在当下 工作总会结束。20 多年前，人们在办公室度过美好一天后，关掉电脑。那时电脑还是像烤箱一样，人们只能在第二天上班时才会再看到。电话线是固定在墙上的，而电子邮件也只属于不可救药的书呆子们。当然，人们会带些文件回家，但是不想看的时候，这些文件不会隔两分钟振动一下提醒你。但是现在，你的工作、社交，世间的一切，都存在于你口袋的手机里，不停地引诱你，给你更好的东西。在餐厅，你看到的更多是人们各自对着手机，而不是跟活生生的眼前人聊天。冷饮店里，父母不理会自己的孩子，而是查收邮件或者查看比赛得分。20% 的人甚至在做爱的时候都看手机！醒醒吧！各位！

干扰我们的不只是科技！我们醒着的时间里，我们有 47% 的时间都是在神游，想些有的没的。但是只有身心皆在，和朋友一起的时光，吃到喜欢的食物，才是真正的享受。耗尽半生，也没有学会关注身边事，反而是想些其他的事情。我不愿意说得像瘾君子 T 恤上的口号一样，但真的是时候记住如何活在当下了。

研究已经证明正念大有好处，正念即刻意地关注当下而产生的精神状态。冥想可以让人变得更专注，从而减轻压力，增加快乐。事实证明，每天练习冥想（典型的正念练习）的人，可以增强免疫系统，降低血压，强化自我意识和同情心等心智功能，缓解压力。

如果你喜欢私教，不妨请一位冥想教练。或者，有很多手机应用，比如 Headspace, 10% Happier, Calm, Omvana 等，都可以指导你进行简单的冥想练习。 想想手机那些妨碍你享受生活的罪行，最起码应该让手机帮你变得更专注。

还有一些其他方法可以产生相同的效果。你可以全神贯注地投入生活的乐趣，心无旁骛。如果喜欢做饭，就关掉电视和收音机，拒绝背景音，认真去感受味道和触觉。洗澡的时候，与其想着这一天的压力，不如关注一下泡在干净温暖的水里是何等享受。运动的时候，专注在自己身体的变化。一旦思绪飞扬（如第十二章提到过，平均每 8 秒钟就走神一次），就把思绪拉回到当下时刻，感受呼吸，感受脚下的土地、屁股下的椅子。时不时地关掉手机，感觉会很好。

这令人难过的变化，让我想起几年前风靡网络的一句话，约翰·格林说："17 岁的一天，你为某一天制订计划，然后悄无声息中，不知不觉中，某一天变成了今天，然后，某一天又变成了昨天。这就是你的生活。"我真的化为己用，用来提醒我珍惜每一刻，而不是为将要发生的事情忧虑。后来我了解到，这句话真正的来源是热播的剧集《篮球兄弟》结尾的独白。这句话让我印象深刻。

保持牢固的关系 最能预言你幸福的是人际关系的稳固。研究表明，与伴侣相爱的人更幸福。而与金钱比，友情价更高：拥有莫逆之交的主观幸福感，与财富再增加一倍的幸福感，程度相当。推断你是否会喜欢自己的工作的一个重要依据就是：公司是否有挚友。有朋友的人寿命更长，比起缺少朋友的人，留任率也更高。

关系的培养和壮大需要面对面地共度时光。研究发现，面对面沟通更让人开心——比起打电话或者网上交流，面对面看着对方交流时，欢笑声也会多一半。你只要回想最近一次和好朋友的聚会，就知道这是真的了。

再对比一下，在社交媒体里是什么感觉？遇到紧急情况时，平均每个人可以求助的朋友只有 4 个，而平均每个脸书用户的在线"好友"却有 338 个。无数研究证实，不停地关注脸书好友，关注越多，越容易不开心。这个结果不足为奇：网络上的熟人，花了不少功夫策划完美的生活，有选择地分享自己的工作升职，海边度假，无可挑剔的自拍（抬下巴、扭腰、伸手、嘟嘴），刻意回避事业里的阻碍、社交上的焦虑以及刚睡醒时的正面照。所以，研究人员认为，社交媒体明显让我们高估他人生活如意的经历，低估他们生活的不如意，产生嫉妒心，更容易沮丧。

至于解决办法，当然是不再用社交媒体，尽管很多时候，这会让你成为网络隐士。对那些看到你发布的住院动态却没有来看望的人，你尽可以删除，但如果不想让他人知道你脸书只有4个好友，那你可以修改隐私设置。更好的办法是，利用脸书上的分享和关注设置，只与能让你更快乐的人互动：你可以（1）对算不上真朋友或者发布的动态不能让你开心的人，取消关注，不用删除好友（选举期间，这个性能很有用）；或者（2）进行分组，在真正的好友档案页选择“亲密好友”分组，或者熟人设为“熟人”分组，然后脸书动态发布时设定“仅亲密好友可见”或者“除了熟人外，所有朋友可见”。这些调整只有你能看得到，也就是说你可以花更少的时间浏览脸书，得到更多的快乐，不必担心别人责怪你删除了他们。

省下来的时间和精力，你可以投入到提高思想动态的活动中，比如约见好朋友，睡个好觉，执行事业规划，或者，做最有影响的事——帮助他人。

不当烂好人 本书写作的前提是，每个人都想过的生活是可以积极影响他人的生活，而对有凌云壮志者，则尽可能扩大他们的影响力。有些时候，这样做很痛苦，吃力不讨好。好在，科学表明，这些带给他人积极影响的事情也能够让你活得更快乐。几乎所有的善良都能提升生活满意度，比如：

日行一善——英国研究人员进行了一项研究，要求受试者每天做一件好事，坚持10天，然后调查评估他们的生活满意度。结果显示，这些人比其他人的生活满意度明显要高。帮别人拿东西，种一棵树，给老人让路，买杯咖啡送给朋友，花不了多少时间和金钱，却能提升你和他人的幸福感。

奉献时间——每4个美国人中，就有1个参加自愿者组织，2/3的人会对邻居施以援手。我有充分的理由建议你也这么做。根据40余篇关于幸福的系统研究综述，志愿者们不容易沮丧，生活满意度也高，死亡率比平均死亡率低22%。威斯康星大学的社会学教授指出，从事志愿活动的学生成绩更好，不会惹是生非，能更好地培养成年期需要的良好社会习惯。志愿服务可以释放催产素，增强免疫系统，同时还能增加社会适应力，锻炼身体。如本章前面所述，压力会增加死亡风险，但是，研究人员发现高压人群从事志愿活动帮助他人的话，死亡率反而不会增加，可见对压力大易焦虑的人而言，帮助他人也是在帮助自己。

捐款——科学证明，智者说“给予比接受更幸福”是有道理的。研究人员发现，在别人身上花钱，比在自己身上花钱，能得到更多的个人幸福感。做慈善时，能激活大脑中负责原始欲望“奖赏”的部分，在处理食欲和性欲的区域产生“助人高潮”的感觉。用不到1分钟的时间为慈善事业捐款，然后用剩下的1天时间享受行善的美好感觉。

从职场进阶到收获幸福

这本书，以及每个有志向的人，面临的一个风险就是：太过专注于想要达成目标，而把目标的实现和幸福混在一起。一直以来，我们都认为幸福是即将来临的事情，是需要吃苦才能换来的，所以我们总是让自己悲惨，甚至因为一些挥散不去的感觉而恶化，比如生意没结束、工作没做完、职业规划没执行。这些压力慢慢增加，当我们为了实现目标获得幸福，而要做太多事情的时候，就很难体会到乐趣。

你值得拥有更好的生活。你应该设定更大的目标，并努力实现，因为有目标的生活更充实、更有益。你应该积极高效地利用时间，毕竟从长远来看，创造影响力比看电视感觉要好得多。你应该要有拼劲儿，因为你才华横溢，有事业在等着你完成。但是，你不应该忍受。使用本章提到的方法：睡觉、运动、表达感恩、微笑、有策略地管理压力、和爱的人在一起、行善。这些会帮你直面每一天的挑战，享受征程。

黑暗无光时，如果你过于沉迷结果，就会害怕失败。试着想想：如果今天，有人走到你面前，带着干净漂亮的事业规划里期望的成功、想要的一切，你需要做的，只是你得用你的四肢，或者爱人的健康，或者与父母、兄弟姊妹或其他对你而言重要的人之间的宝贵关系，来交换，你愿意吗？当然不会。这说明你更重视已经拥有的东西，而不是正在追求的东西。你已经非常幸福了，只要你学会享受这些幸福。

感谢阅读本书。向前冲，去创造奇迹。我相信你，世界需要你。

注解（词条前数字为词条所在的页码）

第一章

7 **根深蒂固的习惯：** 查尔斯·都希格《习惯的力量：为什么我们这样生活，那样工作？》（纽约：兰登书屋，2012 年）

第二章

11 **食物奖励：** “操作性条件反射”，2017 年 5 月 25 日修改，2017, https://en.wikipedia.org/wiki/Operant_conditioning

17 **坚守承诺：** 南茜·L.安德森“坚持新年计划的 5 个方法”，《福布斯》，2013 年 1 月 3 日，https://www.forbes.com/sites/financialfinesse/2013/01/03/5-ways-to-make-your-new-years-resolutions-stick/#55d1d2041ebd 加利福尼亚多明尼科大学的盖尔·马修斯博士，对 267 个受试者的目标制定进行研究发现，一般而言，只要把目标写下来，就有 33% 的可能性实现目标。

第三章

27 **行业经济产量：** 理查·亨德森，“2022 年产业就业与产出预测”，《每月劳工评论》，美国劳动统计局，2013 年 12 月，https://doi.org/10.21916/mlr.2013.39

33 **年薪 7.5 万美元：** 贝琳达·勒斯康比，“年收入七万五千美元才会幸福吗?”，2010 年 9 月 6 日，http://content.time.com/time/magazine/article/0,9171,2019628,00.html

33 **麦卡伦：** “生活费：我的工资在另一个城市能撑多久？”CNN 财富 http://money.cnn.com/calculator/pf/cost-of-living/

33 **本杰明·富兰克林：** “金钱从来不能让人幸福，将来也不能，它就没有能产生幸福的特质，拥有的越多，想要的也越多。”——本杰明·富兰克林，塞缪尔·奥斯汀·阿利伯（S. Austin Allibone）改编，《从苏格拉底到麦考莱散文名言》（Prose Quotations from Socrates to Macaulay）（费城：J.B. 李平科特公司，1880 年）；巴特比文本系统（Bartleby.com），2011 年，http://www.bartleby.com/349/authors/77.html

第五章

50 **系统 1、系统 2：** 丹尼尔·卡尼曼，《思考：快与慢》（纽约：斯特劳斯和吉洛克斯出版社，2011 年）

50 **难以驯服：** 乔纳森·海特，《幸福假设：在古代智慧中寻找现代真理》（纽约：巴西克出版社，2005 年）

51 **未来的自己：** 凯莉·麦高尼格的 TED 演讲链接：https://www.ted.com/talks/kelly_mcgonigal_how_to_make_stress_your_friend

51 **忍住不吃饼干：**罗伊·F.鲍迈斯特，《意志力：重新发掘了不起的人类力量》（*Willpower: Rediscovering the Greatest Human Strength*）（纽约：企鹅出版社，2011年）

51 **决策疲劳：**约翰·蒂尔尼，“你在受决策疲劳困扰吗？”《纽约时报》，2011年8月17日，http://www.nytimes.com/2011/08/21/magazine/do-you-suffer-from-decision-fatigue.html

52 **习惯使然：**查尔斯·都希格，丹尼尔·平克博客上的采访，2012年3月，刊登日期：2017年5月29日，http://www.danpink.com/2012/03/the-power-of-habits-and-the-power-to-change-them/

53 **咖啡是个好东西：**尼尔·D.弗里德曼博士等，“饮用咖啡与总死亡率和特定原因死亡率的关系”，《新英国医学杂志》，2012年5月17日，doi:10.1056/NEJMoa1112010。让－路易斯·圣蒂尼，“越来越多医学专家赞同咖啡对健康的好处”，《商业内幕》，2015年4月2日，http://read.bi/2rzvdgN

58 **放在眼前的桌上：**苏·席兰伯格，“办公室糖果罐之战”，《华尔街日报》，2011年4月12日，http://www.wsj.com/articles/SB10001424052748703841904576256982872752032

58 **“能被测量的，才能被管理”：**一般认为是彼得·德鲁克所说。读一读他所有的书！

59 **长远的选择：**大卫·德斯迪诺，“控制的感觉：美国人怎样最终学会管理冲动”，《太平洋标准杂志》，2014年9月15日，https://psmag.com/social-justice/feeling-control-america-can-finally-learn-deal-impulses-self-regulation-89456

59 **更快乐，更高效：**拉斯洛·博克，“两分钟，让你在工作中、生活中、假期中更快乐”，领英网，2014年11月24日。https://www.linkedin.com/pulse/20141124163631-24454816-two-minutes-to-make-you-happier-at-work-in-life-and-over-the-holidays

第六章

61 **97.2%的美国人：**“研究表明，超过97%的美国人为生活方式不健康感到后悔”，《健康》，2016年3月23日，http://www.health.com/mind-body/less-than-3-percent-of-americans-live-a-healthy-lifestyle

61 **10年甚至更多：**安东尼奥·帕索利尼，“美国研究确定运动对预期寿命的影响”，New Atlas网站，2012年11月19日，http://newatlas.com/physical-activity-live-longer/24972/

62 **喝醉了的9岁儿童：**吉尔·达菲，“为什么睡6个小时如同没睡？”《快公司》（Fast Company）杂志，2016年3月7日。https://www.fastcompany.com/3057465/why-six-hours-of-sleep-is-as-bad-as-none-at-all

62 **睡眠质量：**“影响你睡眠的可怕科技”，睡眠网（Sleep.org），2017年5月29日刊登，https://sleep.org/articles/ways-technology-affects-sleep/

63 **搬走一块砖：**威廉·C.迪蒙特，《睡眠的承诺：睡眠医学先驱人物告诉你健康、幸福和一夜好睡眠之间的重要关系》（纽约：德拉柯尔特出版社，1999年）

63 **现在开始喝咖啡：**亚伦·E.卡罗尔，“人们对咖啡有益健康的共识超出你想象”，《纽约时报》，2015年5月11日，https://www.nytimes.com/2015/05/12/upshot/more-consensus-on-coffees-benefits-than-you-might-think.html?_r=1。咖啡对健康的好处有：预防Ⅱ型糖尿病、帕金森综合征、肝脏疾病、肝脏癌症以及促进心脏健康。

64 **按下“小睡”：**玛丽亚·康尼科娃，“实际上，小睡的人是输家”，《纽约客》，2013年12月10日，http://www.newyorker.com/tech/elements/snoozers-are-in-fact-losers

64 **将来的表现：**薇薇安·江，“姿态与情绪之间的关联令人惊讶又强大”，《快公司》，2015年1月30日，https://www.fastcompany.com/3041688/body-week/the-surprising-and-powerful-links-between-posture-and-mood

64 **灵长类首领和人类领导者：**艾米·卡迪，“姿势语言塑造你自己”TED演讲，2012年10月，https://www.ted.com/talks/amy_cuddy_your_body_language_shapes_who_you_are/transcript?langage=en

64 **更开心更健康：**肖恩·埃科尔，《幸福优势：成功与绩效积极心理学七项原则》，（纽约：皇冠出版社，2010年）

65 **脑细胞再生：**梅丽莎·达尔，“神经科学家告诉你跑步为何让你头脑清晰”，《纽约》杂志，2016年4月21日，http://nymag.com/scienceofus/2016/04/how-neuroscientists-explain-the-mind-clearing-magic-of-running.html

65 **不锻炼：**帕索利尼，“运动对人均寿命的影响”

65 **生命延长：**凯莉·戈尔德伯格，“每运动1分钟，寿命增加7分钟”，公共健康博客，2013年3月15日，http://commonhealth.wbur.org/2013/03/minutes-exercise-longer-life

65 **晚上运动：**哈里妮·苏雷什，“不同的运动方式如何影响你的情绪、日程、能力”，Jawbone博客，2015年10月22日，https://jawbone.com/blog/how-different-workout-styles-affect-your-mood-schedule-and-energy/

65 **中强度训练：**“美国心脏协会推荐的成人运动项目”，美国心脏协会，2016年7月22日更新，http://www.heart.org/HEARTORG/HealthyLiving/PhysicalActivity/FitnessBasics/American-Heart-Association-Recommendations-for-Physical-Activity-in-Adults_UCM_307976_Article.jsp#.Vv-jm6QrI2w

66 **你已经摄入：**克瑞丝塔·米勒，“大脑要用多久才会显示你已经饱了？”Livestrong.com博客，2013年8月16日更新 http://www.livestrong.com/article/480254-how-long-does-it-take-your-brain-to-register-that-the-stomach-is-full/.

第七章

70 **收入增长和利润增长：**凯利·埃斯丘，帕特里克·道斯特，“零基预算助力增长：赢家为何知道大赌注该放在哪？”埃森哲公司，2016年，https://www.accenture.com/t20160802T041253__w__/us-en/_acnmedia/PDF-15/Accenture-Strategy-Smart-Budgeting-Zero-Based-Budgeting-V2.pdf

72 **你可以用2小时：** 见表: http://static1.businessinsider.com/image/5627c31f9dd7cc1b008c3a7c-1200/slide.jpg

72 **手机消遣：** 同上。

73 **21.8分钟：** 格雷琴·瑞诺兹，“动起来，别坐着。”《纽约时报》，2012年10月17日，https://well.blogs.nytimes.com/2012/10/17/get-up-get-out-dont-sit/

第八章

82 **谷歌邮箱快捷键：** 点击谷歌邮箱右上方“齿轮”设置图标，选择设置，选中“键盘快捷键”下的选项，启动快捷键。从此以后，只需要输入问号，就可以参阅快捷键说明。或者参阅本网址中的信息图 https://visual.ly/community/infographic/how/minimalistic-gmail-cheat-sheet

82 **他们的想法：** 微表情快速入门：http://www.npr.org/2013/05/10/182861380/microexpressions-more-than-meets-the-eye . 要了解更多，读一下菲利普·休斯顿的《拆穿谎言》（*Spy the Lie*），德斯蒙德·莫利斯的《大家都在看》（*People Watching*）

83 **中断的工作：** 沙姆斯·T. 伊克巴尔，埃里克·霍维茨，“计算任务的中断和恢复：实地研究、分析及说明”，埃里克·霍维茨网站：http://research.microsoft.com/en-us/um/people/horvitz/chi_2007_iqbal_horvitz.pdf。布莱恩·杜梅，“专注之王”，INC 杂志，2014 年 5 月，http://www.inc.com/magazine/201405/brian-dumaine/how-leaders-focus-with-distractions.html

84 **88封邮件：** “邮件数据报告（2015-2019）”，瑞迪卡迪公司，2015 年 3 月，http://www.radicati.com/wp/wp-content/uploads/2015/02/Email-Statistics-Report-2015-2019-Executive-Summary.pdf

84 **150余次：** 马特·罗索夫，“人们要么总是查看邮件，要么从不查看邮件”，《商业内幕》，2015 年 8 月 17 日，http://www.businessinsider.com/how-often-do-people-check-their-email-2015-8

84 **胡思乱想打发时间：** 科里·温赖特，“本月将在会议上浪费 31 小时”，HubSpot 博客，2014 年 6 月 12 日，http://blog.hubspot.commarketing/time-wasted-meetings-data

89 **查收工作邮件或私人邮件：** 派翠西亚·里尼，“美国上班族每天花 6.3 小时查收邮件：调查”，《赫芬顿邮报》，2016 年 5 月 13 日更新，http://www.huffingtonpost.com/entry/check-work-email-hours-survey_us_55ddd168e4b0a40aa3ace672

93 **损失8小时的生产力：** 雷切尔·爱玛·西尔弗曼，“‘回复所有’对生产的破坏力”，《华尔街日报》，2012 年 12 月 28 日，http://on.wsj.com/Vfts0V

98 **1.5小时：** 丽莎·贝尔金，“时间浪费了？也许是花得值”，《纽约时报》，2007 年 5 月 31 日，http://www.nytimes.com/2007/05/31/fashion/31work.html?smprod=nytcore-iphone&smid=nytcore-iphone-share

99 **两周后：** 珍妮·萨哈迪，“约 80% 的美国纳税人会得到退款”，CNN 财富频道，

2015 年 1 月 14 日，http://money.cnn.com/2015/01/13/pf/taxes/taxpayer-refunds/

100 **快速在任务之间切换:** 乔恩·汉密尔顿,"认为自己在从事多任务？想清楚", NPR 博客，2008 年 10 月 2 日，http://www.npr.org/templates/story/story.php?storyId=95256794

100 **回到原来专注的任务:** 伊克巴尔 · 霍维茨，“计算任务的中断和恢复”。

100 **无关信息:** 杜梅因，“专注之王”。

101 **每 4.4 秒干扰:** 埃里克 · M. 奥尔特曼，格雷戈里 · J. 特拉夫顿，戴维 · Z. 汉布里克。“瞬时干扰会让思想列车出轨”，《实验心理学杂志：总论》143(1):215－226，2014 年 2 月，http://dx.doi.org/10.1037/a0030986

第九章

109 **你所说的话:** 司法研究所宣传页，http://bit.ly/1zT2b7R.

112 **频率最高的词:** “使用频率最高的词”，2017 年 2 月 2 日修订，https://en.wikipedia.org/wiki/Most_common_words_in_English

第十章

127 **不喜欢:** 罗伯特 · B. 恰尔迪尼，《影响力：说服的心理学》，（纽约：哈珀出版社，2006 年）

128 **10 秒录像:** 玛丽亚 · 康尼科娃，“乍看起来：被选中的心理学”，《纽约客》，2013 年 11 月 18 日，http://www.newyorker.com/techelements/on-the-face-of-it-the-psychology-of-electability

138 **请重试:** 恰尔迪尼，《影响力》。

141 **不再废话:** “我得到的最好建议”，《财富》，2008 年 3 月 30 日修订，http://archive.fortune.com/galleries/2008/fortune/0804/gallery.bestadvice.fortune/

第十一章

145 **大部分时间:** 温赖特，“会议”。

147 **单个发:** 格雷格 · 巴伦，伊利达 · 叶查亚姆，“私人邮件要求与责任分散”，《人类行为中的计算》，18(5):507－520, 2002 年 9 月，https://www.researchgate.net/publication/222533703_Private_e-mail_requests_and_the_diffusion_of_responsibility

149 **提升效率:** 詹妮弗 · 罗宾逊，“高效公司社交”，《盖洛普商业杂志》，2008 年 11 月 13 日，http://www.gallup.com/businessjournal 111766/news-flash-workplace-socializing-productive.aspx

150 **久坐堪比吸烟:** 詹姆斯 · 莱恩 “久坐的风险是什么？” 梅约疗养院博客，2015 年 9 月 4 日 http://www.mayoclinic.org/healthy-lifestyle/adult-health/expert-answers/sitting/

faq-20058005

155 **成功管理者：**兰德尔·贝克，吉姆·哈特，“为什么优秀领导者如此稀少”，《盖洛普商业杂志》，2014 年 3 月 25 日，http://www.gallup.com/businessjournal/167975/why-great-managers-rare.aspx

155 **工作复杂：**“底线——培训经理的必要性”，《人资专刊》，http://hrprofessionalsmagazine.com/train-your-managers/

155 **拖后腿的那部分：**梅根·维梅特，“真正的效率杀手——蠢货”INC 杂志，2012 年 11 月 5 日，http://www.inc.com/maeghan-ouimet/real-cost-bad-bosses.html

155 **因为领导：**本杰明·斯奈德，“一半的人因为差劲儿的老板而辞职”，《财富》，2015 年 4 月 2 日，http://fortune.com/2015/04/02/quit-reasons/

第十二章

168 **科学家：**凯特·布莱斯克，“麦尔斯－布里格斯性格测试毫无意义”，《赫芬顿邮报》，2016 年 2 月 10 日，http://www.huffingtonpost.com/entry/myers-briggs-personality-test-is-moot_us_56bb69abe4b0c3c5504f9b36

169 **9 秒：**利昂·沃森，“多亏了智能手机，人类注意力持续时间比鱼还短”，Telegraph 杂志，2015 年 3 月 15 日，http://www.telegraph.co.uk/science/2016/03/12/humans-have-shorter-attention-span-than-goldfish-thanks-to-smart/

第十三章

188 **实现目标：**“多巴胺”，2017 年 5 月 20 日更新，https://en.wikipedia.org/wiki/Dopamine

188 **主要功能：**柯莱特·布雪，“血清素：九问九答”，WebMD，2011 年 10 月 12 日更新，http://www.webmd.com/depression/features/serotonin#1

188 **巧克力：**琳达·西恩帕，“研究人员声称巧克力能激发活血物质”，CNN，1996 年 2 月 14 日，http://edition.cnn.com/HEALTH/indepth.food/sweets/chocolate.cravings/

188 **所爱之人：**多娜泰拉·马哈兹提，贝尔纳多·戴尔奥索，斯特凡诺·巴诺尼，弗朗西斯科·蒙盖等，“催产素与婚恋依恋焦虑的关系”，《临床实践与精神流行病学》，2（28），2006 年 10 月 11 日，doi:10.1186/1745-0179-2-28

189 **正面词汇：**《精彩教养大震撼：儿童新思考》，波·布朗森，阿什丽·梅里曼。

189 **运动：**柯尔斯顿·韦尔，“运动的影响”，《心理观察》，2011 年 12 月，http://www:apa:org/monitor/2011/12/exercise:aspx

189 **强迫制造笑容：**弗里茨·斯特拉克，莱纳德·L. 马丁，萨宾·斯特柏，“人类笑容的抑制及促进条件：面部反馈假设非介入性实验”，《人格与社会心理学杂志》，54（5），1988 年 5 月，768-777 页，http://dx:doi:org/10:1037/0022-3514:54:5:768

190 **更难过：**兰迪·J. 拉森，玛格丽特·卡西马缇斯，库尔特·弗雷，“让眉头更紧皱：

基于面部反馈假设的悲伤情绪的非介入性试验”，《认知与情感》，1990 年 2 月 28 日，http://www.tandfonline.com/doi/abs/10:1080/02699939208409689

190 **回应你：** 美国心理学协会，“人们期待他人真诚的微笑，而非礼貌的微笑”，《每日科学》，2013 年 6 月 12 日 www.sciencedaily.com/releases/2013/06/130612133321.htm

190 **相应缺乏创意：** 恩里克·G. 费尔南德斯－阿瓦斯卡尔，玛丽亚·D. 马丁·迪亚兹，“情感感应与创造性思维”，《创意研究杂志》，25 (2013):213 － 221，2013 年 5 月 17 日线上发表，http://dx.doi.org/10.1080/10400419.2013.783759

190 **活得越久：** 埃里克·海登，“微笑更长寿？”《太平洋标准》，2010 年 3 月 11 日，https://psmag.com/smile-to-live-longer-f8c186b52dcd#.pianqyfzr

190 **研究中：** 罗伯特·埃蒙斯，迈克尔·E. 麦卡洛，“细数幸福与负担：有关日常生活中感恩和主观幸福感的实验调查”，《人格与社会心理学杂志》，84(2):377 － 389, 2003 年 2 月，doi:10:1037/0022- 3514:84:2:377

191 **心脏疾病：** 蒂莫·海特，亨德里克·B. 塞奇，盖布里尔·库尔蒂耶，帕萨·杜塔等，“慢性多压力刺激造血干细胞”，《自然医学》，2014 年 6 月 22 日，http://www.nature.com/nm/journal/v20/n7/full/nm.3589.html.

191 **恶性肿瘤：** 杜克大学医学中心，“最后，压力如何引起 DNA 损伤”，《每日科学》，2011 年 8 月 22 日，www.sciencedaily.com/releases/2011/08/110821141135.html .

191 **招人烦：** “压力症状：对你身体和行为的影响”，梅约诊所博客，2016 年 8 月 28 日，http://www.mayoclinic.org/healthy-lifestyle/stress-management/in-depth/stress-symptoms/art-20050987.

191 **毫无压力：** 罗伯特·桑德斯，“研究人员告诉你为何压力是好事”，《加州大学伯克利分校新闻网》，2013 年 4 月 16 日，http://news.berkeley.edu/2013/04/16/researchers-find-out-why-some-stress-is-good-for-you/

191 **表现就会下降：** 弗朗西斯卡·基诺，“压力太大表现差？还是毫无压力表现差？”《哈佛商业评论》，2016 年 4 月 14 日，https://hbr.org/2016/04/are-you-too-stressed-to-be-productive-or-not-stressed-enough

194 **彩票中奖者：** 菲利普·布里克曼，丹·科茨，罗尼·詹诺夫·布尔曼，“彩票中奖者和事故受害者：关乎幸福”《人格与社会心理学杂志》，36(8):917 － 927，1978 年 8 月，http://dx.doi.org/10.1037/0022-3514.36.8.917

195 **将来：** 玛利亚·科尼科娃，“试着治愈抑郁，却激发磨难”，《纽约人》，2015 年 1 月 14 日，http://www.newyorker.com/science/maria-konnikova/theory-psychology-justified-torture

196 **让我们觉得消极：** “习得性乐观”，2016 年 9 月 1 日更新，https://en.wikipedia.org/wiki/Learned_optimism

196 **诊断更准确：** 贝思·库赫尔，“提高生产力：少工作，变快乐”，《赫芬顿邮报》，2015 年 4 月 11 日更新，http://www.huffingtonpost.com/beth-kuhel/to-increase-productivity-_b_6639482.html

197 **更多的果酱：** 阿齐兹·安萨里，埃里克·克里南伯格，“如何有效线上约会”，《纽约时报》，2015 年 6 月 3 日，http://www.nytimes.com/2015/06/14/opinion/sunday/how-to-make-online-dating-work.html?_r=0

197 **幸福的基准：** 乔恩·格特纳，“追求幸福是徒劳”，《纽约时报杂志》，2003 年 9 月 7 日，http://mobile.nytimes.com/2003/09/07/magazine/the-futile-pursuit-of-happiness.html

198 **适应环境：** 丹·吉尔伯特，“令人惊讶的幸福科学”，TED 演讲，2006 年 9 月，https://www.ted.com/talks/dan_gilbert_asks_why_are_we_happy/transcript?language=en.

198 **不再张望：** 这一说法由已故心理学家赫伯特·西蒙创造，更多介绍，请参阅 http://www.economist.com/node/13350892

198 **消极悲观：** 巴里·施瓦茨，“选择的专横”，《科学美国人》，2004 年 4 月，http://www.swarthmore.edu/SocSci/bschwar1/Sci.Amer.pdf

199 **做爱的时候：** 艾米丽·佩恩，“研究：20% 的年轻人在做爱时也发短信”，BostInno 网站，2013 年 7 月 15 日，http://bostinno.streetwise.co/2013/07/15/study-20-of-young-people-text-during-sex/

199 **有的没的：** 史蒂夫·布拉特，“胡思乱想不等于快乐幸福”，《哈佛大学报》，2010 年 11 月 11 日，http://news.harvard.edu/gazette/story/2010/11/wandering-mind-not-a-happy-mind/

199 **缓解压力：** “压力如何让我热衷和丹·哈里斯一起冥想”，Big Think 博客，http://bigthink.com/think-tank/how-science-sold-me-on-meditation-with-dan-harris；丹·哈里斯的书《更幸福一点》（10% Happier）值得一读。

200 **更幸福：** 安那海德·奥康纳，“哈佛研究：幸福生活的秘诀”，《纽约时报》，2016 年 3 月 23 日，https://well.blogs.nytimes.com/2016/03/23/the-secrets-to-a-happy-life-from-a-harvard-study/?mcubz=1&_r=1

200 **财富再增加一倍：** 约翰·F. 赫利维尔，黄海芳（音），“现实中和网络中朋友对幸福的不同影响”，PLoS ONE 期刊，8（9），2013 年 9 月 3 日，https://doi.org/10.1371/journal.pone.0072754

200 **喜欢自己的工作：** 爱丽丝·拉普兰，“如果金钱无法让你快乐，试试时间”，斯坦福商业博客见解，2011 年 4 月 1 日，http://www.gsb.stanford.edu/insights/if-money-doesnt-make-you-happy-consider-time

200 **留任率：** 朱莉安娜·霍尔特-伦斯塔德，蒂莫西·B. 史密斯，J. 布拉德利·莱顿，“社交关系与道德风险：元分析回顾”，《PLOS 医学》7（7），2010 年 7 月 7 日，https://doi.org/10.1371/journal.pmed.1000316

200 **网上交流：** 珍妮·霍普，“为什么脸书好友不算数：面对面交流时人们更开心，笑容多一半”，《每日邮报》，2013 年 4 月 9 日，http://www.dailymail.co.uk/health/article-2306546/Why-Facebook-friends-dont-count-People-happier-laugh-50-talking-faceface.html

200 **紧急情况：** R.I.M. 邓巴，“社交媒体切断了真实社交的规模局限吗？” *Royal*

Society Open Science 2，2016 年 1 月 20 日，doi:10.1098/rsos.150292.

200 **在线"好友"：** 亚伦·史密斯，"关于脸书的 6 个新真相"，《皮尤研究中心》，2014 年 2 月 3 日，http://www.pewresearch.org/fact-tank/2014/02/03/6-new-facts-about-facebook/

200 **无数研究：** 伊桑·克洛斯，菲利普·凡尔登，埃姆雷·德姆拉普，智英·帕克等，"脸书的使用预示着年轻人主观幸福感减少"，PLoS ONE，8（8），2013 年 8 月 14 日，https://doi.org/10.1371/journal.pone.0069841

201 **容易沮丧：** 心理学博士约翰·M. 格罗尔，"脸书抑郁的心理学：避免同类互比和嫉妒"，Psych Central 博客，2015 年 4 月 9 日，http://psychcentral.com/blog/archives/2015/04/09/the-psychology-of-facebook-depression-avoid-social-comparisons-envy/，丽比·科普兰，"反社交网络"，Slate，2011 年 1 月 26 日，http://www.slate.com/articles/double_x/doublex/2011/01/the_antisocial_network.single.html.

201 **其他人：** 凯瑟琳·E. 布坎南，阿娜特·巴迪，"行善求新影响生活满意度"，《社会心理学杂志》150（3），2010 年 8 月 8 日，http://dx.doi.org/10.1080/00224540903365554

202 **对邻居施以援手：** "新报告：四分之一的美国志愿者；三分之二帮助邻居"，国家与社区服务公司，2014 年 12 月 15 日，http://www.nationalservice.gov/newsroom/press-releases/2014/new-report-1-4-americans-volunteer-two-thirds-help-neighbors

202 **死亡率低 22%：** "行动起来，做志愿者——对你有益无害！"，英国埃克塞特大学，2013 年 8 月 23 日，https://www.exeter.ac.uk/news/featurednews/title_315358_en.html

202 **增强免疫系统：** 简·艾琳·皮利埃文，艾丽卡·西格尔，"日常志愿服务的福利：健康与幸福"，《牛津亲社会行为手册》，2014 年 6 月网上发布，doi:10.1093/oxfordhb/9780195399813.013.024

202 **死亡率：** 保林，布朗，迪拉德，史密斯，"奉献他人，及压力和死亡之间的关系"，《美国公共卫生杂志》，2013 年 9 月，doi:10.2105/AJPH.2012.300876

202 **在自己身上花钱：** 伊丽莎白·W. 邓恩，丹尼尔·T. 吉尔伯特，蒂莫西·D. 威尔逊，"如果花钱不能让你快乐，可能是因为没花对"，《消费者心理学杂志》，21（2），2011 年 4 月，https://doi.org/10.1016/j.jcps.2011.02.002

202 **食欲和性欲：** 詹姆斯·兰德森，"通往幸福的路：给予好过接受"，《卫报》，2008 年 3 月 20 日，https://www.theguardian.com/science/2008/mar/21/medicalresearch.usa

致谢

一边要工作，一边要抽空写书，需要牺牲无数个周末。对于一个丈夫、一个父亲而言，周末可不是你一个人的。我首先要感谢我的妻子坎普，我们的孩子 O 和 G，感谢他们的鼓励和支持。第一次写书，还需要对自己的绝对信念，感谢父母，赐予我鼓起勇气完成写作的信心和自律。父亲母亲，谢谢你们，谢谢你们做的一切，一切的一切。

开始提笔的时候，我试着模仿大作家们，结果却很假，很枯燥，我的兄长克里斯，就是一位作家，也是最了解我的人，他阻止了我。看完我的初稿，他说惨不忍睹，让我找到自己的方式，重新开始。整个过程，他给我提了很多宝贵意见。

许多事情刚开始，要么运气不错，要么会得到他人的善意帮助。这本书运气既不错，他人的帮助也不少。我的好友亚当·罗圣特让我意识到自己想写书，然后又把我介绍给他的经纪人乔伊·图特拉。经纪人很热心，愿意把自己的时间用在我这个热情满满却经验不足的人身上。出版社的编辑珍妮特·肖，一开始就对我的书抱有很大信心，而高级编辑斯蒂芬妮·鲍恩采纳了本书，就像是自己写的一样喜欢得不得了。

我还想感谢朋友们，感谢他们给予的想法、意见和支持。首先要感谢《别让无效努力毁了你：职场快速进阶》背后的：蒂姆·阿姆斯特朗，彼得·布朗，约翰·撒奥夫，杰西·海内斯，马特·黛瑞拉，杰夫·夏普。感谢在我需要的时候，很快给我建议和支持，让我保持谦虚的朋友：托德·马奥尼，乔·卡尔森，乔丹·马图索，安东尼·纳波利塔诺，凯里克·肯尼，约翰·圣地亚哥，还有安德鲁·贝内特。最后，我想感谢贾斯汀·比伯，感谢斯汀，对我一直都很好，很酷[1]。

感谢值得信任的导师，朋友，XO 集团，VPUSA，谷歌，NBC 大学，沃克数码，麦肯锡，YPO Gotham 的同仁们，感谢他们 15 年来的出色工作，对我产生了一种激励。你们知道我说的是谁，感谢你们。

感谢新泽西州南布朗士维克市公办学校体系，我是其培养出来的。我想感谢所有踏入我生命的老师们，尤其是乔·道尔蒂，教会我如何领导他人，还有哈利·舒尔茨，教会我写作。

本书收益将捐给纽约市“文学伙伴”，一个为那些不够幸运的市民谋幸福，提供免费家庭文学读物和支援服务的非营利组织。请把“文学伙伴”当成你的一个慈善之举：www.literacypartners.org。

---

[1] 开玩笑的，我从来没见过贾斯汀·比伯或斯汀。

作者简介

迈克·斯泰布，XO集团有限公司（纽交所：XOXO）主席兼CEO。迈克和团队一起，帮助成千上万的人找到人生的重要时刻，享受人生的重要时刻，其中不乏知名企业如The Knot, The Bump, The Nest, Gigmasters，等等。在他的职业生涯中，他帮助推出或扩大规模的新颖业务有几十个，领域涵盖数码市场、媒体、广告科技、移动电话、视频、本土产品、商业领域等，创造价值超10亿美元。同时，他还是《财富》杂志500强之一的财经服务公司Ally Financial（纽交所：ALLY）的董事会成员，非营利组织“文学伙伴”委员会联合主席，该组织过去40年一直为纽约成千上万的贫困家庭提供免费家庭救助。2011~2013年，迈克曾担任Vente- Privee美国分公司的CEO。在这之前，他还在谷歌工作过四年半，主管谷歌移动和视频广告业务。进入谷歌前，迈克在NBC环球担任战略投资部总经理，还荣获通用电气突破想象力大奖。

此外，他还位居“纽约40岁以下青年企业家40强”，以及TV Week“12大新闻人物”之列，荣获过“世界CEO”奖项，“史迪威国际企业奖”，获得Folio 100提名。他受邀参加NBC“今日秀”，上过美国全国广播公司财经频道（CNBC），彭博资讯电视节目，福克斯商业频道，还接受多家媒体采访，如《纽约时报》《华尔街日报》《财富》《企业家》《科技博客》《快公司》《纽约邮报》《商业内幕》《广告时代》《广告周刊》《新闻日报》等。

迈克获得宾夕法尼亚大学的经济学学士学位，国际关系学学士学位，拥有3项数字媒体专利。妻子坎普·斯泰布是The Second Shift的财务总监，这是一家为高技术女性人才寻找弹性工作的公司。迈克一家现在定居纽约。